차별어의 발견

무심코 사용한 언어에 담긴 차별의 의미

차별어의 발견

김미형 지음

사람in

어드는 것은 아니다. '차별어는 이런 것이니 쓰지 말자'라고 강요한들 잘 지켜질 일도 아니다. 물론 무관심한 것보다는 그러한 사회운동을 벌이거나 강조하는 것이 매우 중요하고 필요성도 크다. 거기에 더하여, 차별의 요소들을 들여다보며 공감하고 반성하며 깊이 느끼는 과정이 꼭 필요하다. 박미란 시인은 〈우리들의 올드를 위하여〉라는 시에서 "스미는 것과 스치는 것의 차이"를 아느냐고 썼다. 이 책을 읽은 독자가 '다른 이들을 차별하면 안 되지', '차별어 쓰지는 말아야지'라는 생각만 하며 가벼이 지나치지 않고 차별하는 사회의 인간답지 못한 비정함을 깨달으면 좋겠다. 차별받는 사람의 아픔과 슬픔이 우리 안에 스며들어 차별의 정체를 뼈저리게 느끼면 좋겠다.

1장

슬픈
차별의
기억

나는 왜 선생님이 그 아이를 때려야 했는지 도무지 이해되지 않았다. 그때 나는 이렇게 생각했다. 만일 그 아이가 아니었다면, 나나 다른 누구였다면 선생님이 그처럼 빠르게 철썩 때렸을까. 시간이 흐르면서 나는 어린 시절 보고 겪은 일들은 사실 차별 축에도 끼지 못할 것 같다고 생각하게 되었다. 남매에게 먹을 것을 공평하게 주지 않은 차별, 학생들을 똑같이 대하지 않은 차별 등은 누군가가 심한 모멸감을 느낄 정도의 일은 아니었다. 어른이 되면서 나는 수많은 차별의 순간을 보았다. 대부분은 어렵게 살아가는 사람들이 삶의 처지를 비관하도록 할 정도의 차별이었다. 나는 우리가 차별과 차별어에 대해 더 제대로 인지할 필요가 있다고 생각하기 시작했다.

01 │ 배 한 쪽과 썰매

차별! '차별받음'으로 인한 서러움이 나의 마음속에 처음으로 슬며시 박힌 일이 기억난다. 아직 막내가 태어나기 전이었던 어린 시절, 나는 언니와 남동생 사이에 낀 아이였다. 어머니와 아버지는 우리를 참으로 따뜻한 사랑으로 대해주셨다. 겨울이면 눈을 모아 동산을 만들고 마당에 얼음판을 만들어주셨다. 여름엔 마당에 온갖 화초를 정성껏 기르며 이름도 가르쳐주시고 사진도 찍어주셨다.

어느 날이었다. 자초지종은 잘 모르겠는데 그날 우리 집에는 배 한 알이 있었다. 어머니는 과일이 조금밖에 없

으니 동생에게만 주자며 배를 깎으셨다. 당시 배는 자주 먹기 어려운 귀한 과일이었다. 어머니의 칼날 아래서 촉촉한 물기를 흘리는 배의 희고 연한 살이 내 입안에 군침을 돌게 했다. 그런데 어머니는 말씀대로 그걸 동생 앞에만 놓아주셨다. 누나도 먹고 싶어 한다고 눈치채기에는 아직 어렸던 동생은 포크로 찍어 먹기 시작했다. 나는 어찌할 줄 몰라 그 자리를 떠서 골방에 갔다. 그리고 차가운 바닥을 등으로 느끼며 누웠다. 뭔가 석연치 않으면서 슬픈 마음이 밀려왔다. 그래서 찬 기운을 더 느끼려는 듯 등을 바닥에 붙이고는 세게 밀며 아랫목으로 내려가 누운 채로 두 다리를 벽에 올렸다. 다리가 시원해지는 느낌이 들면서 슬픔이 조금은 가라앉는 것 같았지만 찬 바닥에 놓인 등은 계속 서늘했다.

　겨울이면 부모님은 우리에게 겨울 놀이터를 만들어주시곤 했다. 눈이 내리면 다른 집에서는 눈을 마당에서 쳐내 문밖으로 내놓느라 법석이었지만, 우리 집은 겨울이라 허허벌판이 된 꽃밭에 마당의 눈을 끌어 모으고는 다른 집의 눈까지 가져와 커다란 눈 동산을 만들었다. 아버지는 그 멋진 눈 산과 함께 얼음판을 만들어주셨다. 기온이 영하로 내려가면 얼음판 만들 면적을 호미로 표시하시

고는 금 안의 흙을 긁어내 땅바닥보다 낮게 만드셨다. 마당이 넓었기 때문에 그 공간의 면적은 꽤 넓었다. 아버지는 힘들여서 공간을 만드시고는 수도에 고무호스를 연결하여 마당에 물을 대셨다. 그런데 그 물이 땅에 고이지 않고 계속 땅속으로 스며들었다. 아무래도 얼음판이 만들어질 것 같지 않았다. 그러면 어머니가 나와서 "아이 참, 눈치도 없이, 이리 줘보시라요" 하시며 고무호스를 치우고는 바가지로 물을 퍼서 마당에 좍 뿌리셨다. 한 바가지 뿌린 물은 그 자리에서 얼어붙었다. 그렇게 여러 번 뿌리면 땅 위에 얼음 막이 덮였다. 그럼 어머니는 잠가놓았던 수도꼭지를 다시 돌리고 고무호스로 물을 뿌리셨다. 얼굴에 땀방울이 송송 맺힌 어머니는 미소를 머금었다. 하룻밤 지나 나가보면 물이 꽁꽁 얼어 수정처럼 빛나는 얼음판이 눈앞에 펼쳐졌다.

아버지는 우리에게 썰매도 장만해주셨다. 내 것은 아버지가 판때기에 철사 줄을 고정시켜 만드신 썰매였다. 그런데 남동생의 것은 대장간에서 무쇠 날을 맞추어 박은 멋진 썰매였다. 얼음판을 콕콕 찍는 막대기도 달렸다. 그래도 나는 기분 좋았다. 동생의 썰매를 지쳐보면 힘을 적게 들여도 앞으로 빨리 나갔다. 그리고 뭔가가 근사했다. 내

썰매는 막대기로 얼음판을 세게 찌르고 힘을 줘야 나갔다. 그 사실을 알았을 때 나는 또 약간의 서러움을 느꼈던 것 같다.

그래도 우리는 마냥 즐거웠다. 아버지가 이종사촌과 조카들 몫으로도 썰매 몇 개를 만들어주셔서 우리는 썰매 지치기 경주를 하며 놀았다. 어린 동생의 썰매가 제일 좋았기 때문에 사촌 아이들은 그것을 차지하느라 열을 냈고, 동생은 뺏기면 뺏기는 대로 신경 쓰지 않고 아무 썰매나 탔다. 그때 동생이 욕심을 안 냈기에 망정이지, 자기 썰매라며 독차지하려 들었다면 나는 정말로 슬펐을 것 같다.

당시 유치원에 다니고 있었던 나는 그게 차별인지 몰랐다. 차별이라는 단어를 몰랐으니 그런 생각을 하지 못한 것이다. 조금 커서 차별이라는 단어를 알게 되자 어린 시절의 기억이 떠올랐다. 당시에는 그것을 석연치 않은 슬픔이라고 기억했다. 그 마음이 내게 상처가 됐는지 어땠는지는 확실히 모르겠지만, 혼자 골방에 누워 슬퍼했던 일을 기억하고 있는 것을 보면 뭔가 흔적이 남았던 것 같다. 그래도 성장해서 나의 유년 시절을 뒤돌아보면 슬픈 기억보다는 부모님이 우리에게 베풀어주신 사랑이 가득하여 마음이 따뜻해지곤 했다.

02 | 혼나는
아이

　'차별'이라는 단어와 확실하게 연관된 기억은 초등학교 1학년 때의 일이었다. 학교에 입학한 우리는 노래도 하고 공부도 하고 체육도 하며 즐겁게 지냈다. 날이 추워지자 교실에서 톱밥 난로를 때기 시작했다. 담임 선생님이 난로에 가득 부은 톱밥은 내가 공부하는 내내 보슬보슬하고 희한한 빛을 내며 예쁘게 탔다.

　그러던 어느 날이었다. 그날은 교생 선생님들이 떠나는 날이어서 모든 반 담임 선생님과 교생 선생님이 강당에 모여 있었고, 교실에는 아이들만 있었다. 그런데 누가 꼬

챙이로 톱밥 난로에 장난을 쳤는지 불길이 위로 치솟았다. 불길은 꽤 커서 실제 화재가 일어난 것 같았다. 아이들은 "불이야! 불이야!" 고함을 치고는, 교실 뒤에 몇 개씩 놓아두는 양동이의 물을 가져다가 쏟아부었다. 아직 어린아이들이어서 제대로 대응하지는 못했지만, 큰불이 아니었기에 물 몇 바가지에도 불길이 죽는 듯했다.

한편 재빨리 강당으로 뛰어간 몇몇 아이가 불났다고 소리를 질렀고, 선생님들이 놀라서 교실로 뛰어 들어왔다. 그때 불은 이미 잠잠해져 있었다. 담임 선생님은 어찌 된 일이냐고 소리쳤다. 그때 한 아이가 "사실은 아닌데, 헤헤" 하며 농담하듯 대답했다. 그 말을 들은 담임 선생님은 순간적으로 그 아이의 뺨을 세게 때렸다. 그 아이와 우리는 모두 놀라며 의아해했다. '왜 이 상황에서 선생님이 뺨을 때리지?' 자리에 앉으라고 소리치는 선생님 말을 따라 우리는 모두 자리로 돌아가 앉았다. 담임 선생님과 함께 달려온 다른 선생님들은 별일 아니라는 듯이 돌아갔다.

그때 나는 왜 선생님이 그 아이를 때려야 했는지 도무지 이해가 되지 않았다. 물론 선생님은 불이 났다는 이야기를 듣고는 말도 못 하게 놀라서 다급히 달려왔다. 그런 상황을 이해하지 못한 아이가 한 말도 적절하지는 않았다.

불길이 꺼지긴 했지만 조금 전만 해도 타올랐기 때문에 실제로 화재가 일어날 뻔했는데 '사실은 아니'라고 말했으니, 선생님은 아이들이 거짓말한 줄 오해했을 것이다. 그렇지만 그 아이가 실제로 거짓말한 것도 아니고, 단지 불이 꺼졌으니 불난 것은 아니라고 말했을 뿐인데 이째서 때렸을까. 그때 나는 이렇게 생각했다. 왜 그렇게 생각했는지는 잘 모르겠다. 만일 그 아이가 아니었다면, 나나 다른 누구였다면 선생님이 그처럼 빠르게 철썩 때렸을까.

어인 자랑인지 모르겠으나, 나는 학교에서 늘 성실하다고 선생님들로부터 인정받았던 것 같다. 딱히 신경을 거스르지 않고 말을 잘 들었으니 그랬을 거다. 그래서인지 나와 다른 아이들의 상황이 동일할 때도 선생님들이 그 아이들을 혼내면서 나는 혼내지 않을 때 나는 정말로 불편한 심정이 되곤 했다. 왜 공부가 뒤처지거나 장난이 심한 아이들은 혼나지 않아도 될 상황에서 연일 혼나는 것일까. 왜 내가 잘못을 저지르면 선생님은 혼내지 않고 애써 이해하려 하실까. 선생님들은 왜 그렇게 공평하지 못하게 차별하시는 걸까.

어린 마음에 그런 기억이 앙금이 되어 가라앉았다. 학년이 올라가면서 나는 뭔가 공정하지 못한 상황을 인지하면 선생님에게 말씀드리곤 했다. 선생님 중에는 우리 모두를 똑같이 대하고 되도록 이해하려 한 분도 많았다. 하지만 야단을 많이 치고, 어떤 때는 매를 들거나 심지어 출석부로 학생 머리를 후려갈기는 선생님도 있었다.

한번은 친구와 함께 체력장 연습을 하다가 체육 선생님으로부터 심하게 뺨을 맞았다. 그때 나는 체육 선생님이 화가 많이 났겠다고 수긍했기 때문에 억울함을 잠재울 수 있었다. 선생님이 늘 정성 들여 바닥을 다지는 테니스 코트에 밑창이 삐죽삐죽한 스파이크 러닝화를 신고 들어가 공 멀리 던지기 연습을 하고 있었으니 바닥에 큰 자국들이 파였을 거다. 그때 던진 공은 단단한 수류탄 모양이어서 땅에 떨어지면 바닥이 파일 수도 있었다. 그때는 그런 사실을 잘 몰랐다. 어쨌든 선생님이 공들여 닦는 운동장을 망가뜨렸으니 맞을 만했다고 생각했다. 하지만 학생의 뺨을 그렇게 세게 내리치는 건 지나친 일이었다. 어쨌든 당시 나는 선생님이 엄청 화난 것에는 수긍이 갔다. 한편으로는 선생님들로부터 차별적 보호를 받는 듯하다고 느꼈던 나를 다른 친구들과 똑같이 대한 선생님 때문에 일종의 모호한 안도감 같은 것도 느꼈다. 돌이켜보면 참 많은 생각이 스쳐 지나간 순간이었다.

시간이 흐르면서 나는 어린 시절 보고 겪은 이런 일들은 사실 차별 축에도 끼지 못할 것 같다고 생각하게 되었다. 남매에게 먹을 것을 공평하게 주지 않은 차별, 학생들을 똑같이 대하지 않은 차별 등은 누군가가 심한 모멸감을 느낄 정도의 일은 아니었다. 어른이 되면서 나는 수많은 차별의 순간을 보았다. 대부분은 어렵게 살아가는 사람들이 삶의 처지를 비관하도록 할 정도의 차별이었다. 도시가 아닌 읍이나 면 소재지 정도의 지방에 사는 친척이 있는 자리에서 '촌사람'이라는 단어를 쓰면 당사자는 얼마나 언짢을까. 제삼자를 지시하는 말이라 하더라도 말이다. 강북에 사는 사람과 대화하는 자리에서 강남 땅값과 집값을 언급하거나, 거리 간판의 질서를 두고 강남이 어떻고 강북이 어떻다고 남의 일처럼 운운하면 그 사람은 얼마나 불편하고 기분 나쁠까. 살아가며 아슬아슬한 대화의 위기를 수없이 감지한 나는 우리가 차별과 차별어에 대해 더 제대로 인지할 필요가 있다고 생각하기 시작했다.

03 | 달무리 진 여름밤

뚱뚱한 자신 앞에서 날씬한 친구들이 살을 못 뺐다며 걱정하면 "번데기 앞에서 주름 잡지 마"라는 말로 불편한 심기를 드러내면서도 함께 웃곤 하지만, 사실 못내 기분이 안 좋기 마련이다. 자신의 아들 모두 키가 작은데 어떤 사람이 남자는 키가 커야 훈남이고 장가도 잘 간다고 말하면 씁쓸하다. 모임 활동 후 구성원들이 모여 식사하는 자리에서 같은 지역 출신끼리 선후배 얘기를 하며 자신들만의 대화를 이어가면 그곳 출신이 아닌 사람들은 이야기가 시들해지며 재미없어진다. 선천적으로 심한 약시여서 불편을 겪는 사람이 지인들과 대화하는데 그들이 "눈먼 돈이야" 또는 "장님 코끼리 만지는 식이지"라는 말을 하면 얼마나 비통할까. 세상에는 다리가 불편한 사람이 많은데, 정권이 바뀌고는 관료 임명을 제대로 못 해서 '절름발이 내각'이 출범한다고 말하는 뉴스 방송을 보면 얼마나 슬플까. 장애는 불편한 것이지 잘못한 것이 아니다. 그런데 우리 사회는 뭔가 잘못된 상황을 표현할 때 장애에 관한 말을 사용하니 적절하지 않다. 우리 사회는 이런 표현을 참 많이 써왔다.

차별하는 말을 쓰는 발화자의 무심함과 무례함을 생각해본다. 나도 그중 한 사람이었을 것이고, 다른 사람들 대부분도 그럴 것이다. 영화 〈기생충〉에는 "냄새난다"라는 유명한 대사 한마디가 나온다. 커다란 저택에 사는 고용인(이선균 분)이 그의 차를 운전하는 피고용인(송강호 분)에게 이상하게 무슨 냄새가 난다고 얘기한다. 고용인의 딸은 딸대로 아내는 아내대로 무심하게 어떤 냄새가 난다고 말하고, 피고용인 가족은 그 말을 듣는다. 지하에 사는 피고용인 가족은 가슴을 파고드는 모멸감을 느낀다. 그들도 익히 알고 있으나 벗어나기에는 너무나 벽이 높은 삶의 냄새를 타인이 알아차리고 보내는 은은한 혐오. 먼지, 습도,

음식 냄새, 환기가 안 되어 생기는 온갖 냄새의 복합체에 대해 무심하게 내뱉는 냄새난다는 말. 아무리 샤워하고 닦아내도 지워지지 않는 운명 같은 냄새, 지워버릴 수 없는 사회 계급.

결국 그러한 혐오감 속에서 사건이 발생한다. 분노가 질주하며 걷잡기 어려운 광란과도 같은 사건이 터진다. 일어나면 안 되는 일이었지만, 나는 그 행동에 서린 분노를 알 것 같았다. 같은 세상을 살아가면서 자신과 처지가 다른 사람을 눈곱만큼도 헤아리지 못하는 무심함과 무례함이 비극을 가져왔다. 그 일은 영화 속 이야기였지만 현실에서도 일어나지 말란 법이 없다.

나는 이 책을 쓰면서 차별 문제는 마치 달무리 같다는 생각을 자주 했다. '달무리'란 달 언저리에 둥그렇게 생기는 구름 같은 허연 테를 말한다. 희미하여 눈에 잘 띄지 않으나 달 주위로 유난히 달무리가 지는 날의 밤하늘은 왠지 더 습하고 개운치 않은 느낌이 든다. 까만 하늘에 또렷하게 뜬 달에 비하면 슬픔이 서린 듯한 모습이다. 식물의 병 중 하나인 달무리무늿병은 콩이나 귀리 등 식물 잎의 조직이 하얗게 말라 죽는 감염병이다. 희미한 허연색이어서 눈에 잘 띄지는 않으나 밤하늘을 개운치 않게 만들고 이파리를 병들게 하는 것이 바로 달무리의 이미지인 것 같다.

　달무리는 병에 비유되기도 하지만, 밤하늘을 바라보며 낭만을 생각한 사람들의 위안이 되기도 했다. 나는 고등학교 때 〈다락방〉이라는 노래를 좋아했다. 가사 중 일부는 이렇다. "달무리 진 여름밤, 고깔 씌운 등불 켜고 턱 괴고 하늘 보며 소녀의 나래 펴던 친구는 갔어도…" 논두렁 밭두렁이라는 듀엣 가수가 부른 노래이다. 아련한 우정이 떠오르는 장면 속에 달무리 진 여름밤이 있다. 그때 친구와 함께 편 소녀의 나래는 무엇이었을까. 내가 소녀였을 때를 회상해보면 모든 것이 선명하지 않고 희미한 것투성이였지만, 그래도 친구와 소중한 우정을 쌓으며 학창 시절을 보냈다.

　'차별'을 당하면 그 자리에서 상대에게 왜 그러느냐고 항의할 수 없는 경우가 많다. 그저 암암리에 진행되고 저질러지는 비리 같은 것이기 때문이다. 비리는 잘못을 꼬집어 지적할 그 무엇이라도 있지만 차별은 반드시 그런 것도 아니어서 소리 없이 삶에 파고들어 우리를 아프게 한다. 그래서 선명치 않게 항상 주변에 서려 있는 달무리 같다. 때로는 허무하고 때로는 슬픈 달무리 말이다.

　그러나 많은 사람이 서로를 십분 이해하며 차별하지

않는 사회를 위해 노력하면 차별의 서글픔을, 즉 밤하늘의 달무리를 추억 속 이미지로 바꿀 수 있다. 한계가 많은 인간은 존재 자체에 이미 서늘한 기억을 담고 있다. 그러한 서로의 한계를 보듬으며 함께 살아내야 하는 것이 우리의 삶이다. 우리가 공감대를 형성하면 함께 꿈을 얘기하며 달무리가 아름답다고 느낄 수 있을 것이다.

2장

나는
차별어
사용자가
아닐까

인간은 태어나면서부터 그대로 한 사람이다. 인간으로 태어난 이상 인간 이상도 이하도 아니다. 자라면서 생애 주기로 구분되는 정체성을 지니고 각자 처한 환경이 다르지만, 한 인간을 좋고 나쁨, 높고 낮음, 많고 적음 같은 질적 가치로 등분하고 폄하할 권리는 누구에게도 없다. 인간에 대해 인간이 매길 수 있는 것은 아무것도 없다. 하지만 역사를 보면 인간은 인간을 재고 나누고 규정하는 행위를 많이 했다. 과거의 봉건시대나 근대, 그리고 현대에 이르기까지 인간을 수직적 차등을 두어 표현하려는 발상은 늘 존재했다.

서로 다름을 뜻하는 단어는 '차이'와 '차별' 두 가지가 있다. 이 두 단어는 뜻이 매우 다르다. '차이'는 서로 같지 않고 다른 상태를 나타내는 것으로, 여기에는 사람의 생각이나 행동이 개입되지 않는다. 반면 '차별'은 물상의 상태가 아니라 물상에 대한 사람의 생각이나 행동을 뜻한다. 세상의 모든 존재는 각기 다르기 마련이다. 다양한 차이가 이 세상을 형성하는데, 그 다름에 대해 수준, 등급, 선호도 등을 주관적으로 생각하며 말이나 행동으로 드러내는 게 차별이다. 그저 다름을 인식하는 구분에서 그치는 것이 아니라 그 다름을 빌미로 어느 한쪽을 홀대한다. 남녀 차별, 적서 차별 같은 단어에는 두 대상 중 한쪽을 폄하하는 뜻이 포함된다. 두 대상이 겉으로 드러나지 않는 경우도 많다. 예컨대 한 대상에 대한 비난이나 멸시도 차별이라고 볼 수 있다. 본질의 가치를 폄하하는 차별 행위이기 때문이다. 있는 그대로의 대상을 있는 그대로 보면 되는데 나쁜 감정을 실으니 그 자체가 차별이다.

있는 그대로 봐준다는 말을 곰곰이 생각하면 참 어렵다. '무엇이 있는 그대로인가, 원래의 것은 무엇인가?'라는 의문이 제기되기 때문이다. 최선의 답이 되지는 못하겠으나, '있는 그대로, 원래'라는 말의 뜻은 적어도 인간의 선입견과 편견이 개입되지 않고 폄하하는 뜻도 없는 것이라고 할 수 있다. 왜냐하면 어떤 가치적 등분에 해당하는 질적 차이를 지니고 태어나는 것은 이 세상에 없기 때문이다. 특히 인간이란 존재가 그렇다. 인간은 태어나면서부터 그대로 한 사람이다. 인간으로 태어난 이상 인간 이상도 이하도 아니다. 자라면서 생애 주기로 구분되는 정체성을 지니고 각자 처한 환경이 다르지만, 한 인간을 좋고 나쁨, 높고 낮음, 많고 적음 같은 질적 가치로 등분하고 폄하할 권리는 누구에게도 없다. 인간에 대해 인간이 매길 수 있는 것은 아무것도 없다.

하지만 역사를 보면 인간은 인간을 재고 나누고 규정하는 행위를 수없이 해왔다. 언어의 특징을 사회적 맥락에서 살펴보는 학문 분야가 사회언어학이다. 이 학문이 성립되던 초기에 관련 학자들은 사람 집단을 하류층, 중류층, 상류층으로 나누고 각 집단의 발음 특징을 조사, 분석하며 연구했다. '상중하'라는 단어에는 수직적 높낮이 개념이 포함되어 있다. 연구자가 보고 싶어 하는 사람들의 경제력, 학력, 사회 신분 등의 높낮이를 재는 차별 행위가 개입된 것이다. 과거의 봉건시대나 근대, 그리고 현대에 이르기까지 수직적 차등을 두어 인간을 표현하려는 발상은 늘 존재했다.

이렇듯 역사를 보면 사람의 신분에 귀천을 두고 수직적 관계를 나누는 불평등 인식이 이어졌다. 이를 반영하는 단어가 '하층민', '하류층' 등이다. 이 단어들은 '하층', '하류'라는 차별적 표현을 하고 있으니 공정한 지시 방식이 아니다. 아무런 권력이 없는 것도 서러운데 왜 높고 낮음으로 갈라서 부르는가. 높다는 것의 기준은 무엇이고, 낮다는 것의 기준은 무엇인가. 이를테면 지배층이라면 높은 사람인가? 지배층이 지배를 하도록 허용하는 계층이 피지배층이니 오히려 피지배층의 공로가 더 높은 것 아닌가? 그러나 인간은 타인을 지배하고 더 많은 경제력과 권력을 가지면 높은 것이라고 인식했고, 이를 굳이 수직적 뜻을 표현하는 말로 지시했다.

이러한 인식은 현대로 오면서 많이 사라졌다. 그러나 역사의 페이지들에는 과거의 기록이 그대로 남아 있다. 그래서 현대의 우리가 과거의 역사적 사건을 거론할 때 "하층민은 직업에 귀천이 없다는 조항을 잘 인식했습니다"와 같이 하층민이란 말을 그대로 쓰는 경우가 있다. 이 말은 한 텔레비전 역사 프로그램에 출연한 강연자가 한 말이다. 이 말을 들은 나는 당시의 역사적 사건이 지시하는 대상이 '하층민'으로 기록되어 있어서 그대로 표현한 것뿐임을 알면서도 매우 불편했다. 인간을 상층과 하층으로 구분한 잘못을 고쳐서 '지배받던 백성'이라고 표현하면 좋았을 것이다.

수직적 상하 차별을 차별이라 인식하지 못한 긴 시간이 지나고 이제 '차별'과 '차별어'라는 개념이 생겨났다. 이 개념이 언제 생겼는지는 명확하지 않으나 사회적으로 주목받기 시작한 것은 2000년대 이후이다. 인권에 대한 개념이 성숙하면서 높아진 인권 의식을 보여주는 대목이다.

예전에는 어떤 표현이 누구를 차별하는 말인지 생각하지도 않고 썼는데, 이제는 차별하면 안 된다는 의식 속에서 말을 가려야 한다는 조심성과 경각심이 생겼다. 과거 어른들은 어린 자녀를 '이 새끼', '저 새끼', '이 계집애', '저 계집애' 하며 마구 부르기도 하고, 대인 관계를 맺는 상대를 '이놈', '저놈' 하며 낮춰 부르기도 했다. 이제는 많은 사람이 그렇게 부르면 안 된다고 생각하고 있다.

　우리 사회는 겉으로 차별성을 뚜렷이 드러내는 언어들 외에, 차별하는 용어인지도 몰랐던 단어들도 발견하기 시작했다. 예를 들어 남편이 먼저 하늘 나라로 간 여자를 '미망인'이라고 불렀는데, 이 말은 '아직 안 죽은 사람'이란 뜻이니 정말 말도 안 되는 단어임을 알게 되었다.

　요즘 우리 사회는 차별은 '인간이 해서는 안 되는 행위'라는 공정과 윤리에 관한 인식을 높이고 있다. 그래서 차별적 행위를 해서는 안 되고 차별적 표현을 해서도 안 된다는 데 많은 사람이 공감한다. 우리 사회가 민주화를 이룬 후 그 연장선상에서 평등과 복지사회를 지향하며 인권 존중 의식을 높인 덕분이다. 더불어 이분법적 대립으로 세상을 나누던 사고방식에서 벗어나, 세상은 다양하며 모두가 가치 있다는 포스트모더니즘적 사고의 영향을 받은 덕분이기도 하다. 사람 간의 다양한 차이는 그 나름대로 모두 가치 있다는 열린 생각, 그리고 차별적 표현을 하면 안 된다는 평등 의식, 덜 가지고 덜 누리는 사람을 차별의 대상이 아니라 함께 나눌 대상으로 보며 함께 사는 세상을 만들어야 한다는 공동체 인식이 작용한 결과다.

분명 과거에 비해 의식이 많이 성숙했지만 여전히 우리 사회에서는 차별어가 많이 쓰이고 있다. 이제부터 관련 사례들을 살펴보자.

어리다고 차별하고

어린이! 우리는 이 단어를 듣기만 해도 마음속으로 미소 지으며 설레곤 한다. 천진난만한 눈동자와 때 묻지 않은 순수한 마음. 어린이는 언제나 아름답고 귀하다.

그런데 최근 이상한 단어가 등장했다. '주린이', '부린이', '요린이' 같은 '-린이' 시리즈다. 주식 초보를 뜻하는 신조어 주린이는 주식 사고팔기를 시작한 지 얼마 안 되어 서툰 사람을 지시한다. 부동산 초보를 뜻하는 신조어 부린이는 집이나 땅을 사고팔아 돈을 벌어보려 하는 사람이다. 아직 경험이 없어 배울 것이 많고 손해 볼 위험에도 노출

된 사람을 지시한다. 이런 사람을 가르치는 '부린이쌤'도 등장했다. 또 요즘은 요리하는 모습을 영상으로 촬영해서 유튜브에 올리는 사람들이 요리 초보를 뜻하는 요린이라는 말을 폭넓게 사용하고 있다.

주린이, 부린이, 요린이는 주식의 '주', 부동산의 '부', 요리의 '요'에 어린이의 '린이'를 합친 단어이다. 이 단어들이 사용되는 문맥을 살펴보면 "주가 및 매도 과정, 주린이 실패 경험", "어쩌다 주린이", "부린이 탈출하고 싶다면?", "부린이를 괴롭히는 부동산 용어", "3분 요리! 요령 없는 요린이도 쉬운 요리 비법서" 등의 표현이 쓰인다. 잘 속고 요령이 없으며 시행착오를 반복하고 괴로움에 빠져 있어서 좀 더 배워야 한다는 뜻을 담고 있다.

누군가는 일이 서툰 초보를 어린이에 빗대는 말이 뭐가 어떠냐고, 더 배워야 하니 그렇게 부르는 것이 어떠냐고 반문할 수도 있다. 문제는 이처럼 비유하는 말과 생각에는 어린이가 약하고 미숙하며 부족하다고 깔보는 아동 차별적 인식이 깃들어 있다는 것이다. 그저 주식 초보, 부동산 초보, 요리 초보라고 부르면 된다. 또는 주식 새내기, 부동산 새내기, 요리 새내기도 좋다. 그 정도로 표현하면 될 것을 언어 유희적으로 재미있는 말을 만들다가 대상을 낮추어 차별하는 결과가 되었다. 이런 말들이 널리 쓰여서는 안 되는데 인터넷에서 자꾸 확산되고 있어 걱정이다.

차별적 단어의 탄생을 사회적으로 걱정해야 할 이유는 충분하다. 우리 사회에는 어린이를 어리다고 우습게 보고 막 대해도 된다는 인식이 있다. 옛날부터 그랬다. 우리나라의 어린이날은 1922년 소파 방정환 선생이 제정하면서 탄생했다. 어린이날을 제정한 주요 동기는 당시 사회가 어린이들을 너무 낮게 봤기 때문이었다. 나이가 어리다고 '-녀석', '-새끼', '계집아이', '-놈', '-년'을 마구 붙여서 부르고 억압하며 아동 노동을 시키는 사례도 많았다. 그래서 방정환 선생은 어린이를 어른과 같은 독립적 인격체로 존중하자는 취지로 어린이날을 제정했다.

인권의 역사에서 어린이는 그야말로 세상의 힘없는 자의 한 유형이었던 것 같다. 자녀 양육에 관한 서양의 역사 기록에 따르면 고대 그리스의 스파르타에서는 아이가 태어나면 동네 노인들에게 보이고, 건강하게 성장할 듯할 때만 키우게 했다. 몸이 약해 보이는 아기는 무참히 버려져 죽임을 당했다. 16세기 전후 유럽에서 유행한 풍조 중 하나는 양육 포기 혹은 유기였다. 즉, 집안 형편이 어려워지는 상황이 닥치면 부모가 아이들을 밖에 버리고 양육을 포기하는 경우가 많았다. 당시 어머니들은 아이를 모유로 키우는 것을 성가시고 야만스럽다고 여겨 유모가 키우게 하거나 내다 버리기도 했다고 한다.

르네상스 시대가 지난 17세기경에는 개별화 및 인간 존중의 흐름이 등장했다. 이때도 자녀 양육관 및 기법이 사회적으로 미흡했기 때문에 많은 부모가 양육에 관해 고민했다고 한다. 그래서 등장한 것이 갈등형 훈육 방식이었다. 도깨비나 흡혈귀로 분장한 어른들이 밤에 자는 아이들을 깨워 놀라게 하고는 '네가 나쁜 짓을 해서 그렇다. 이제 나쁜 행동을 하면 안 된다'라는 식으로 말하며 주기적으로 공포를 주입했다고 한다. 또 18세기 서양에서는 아버지의 권위가 절대적이며 국가법과 동일하다고 인정받았다. 엄격한 권력을 지닌 아버지는 무조건 복종하는 자녀를 만드는 것을 양육의 목적으로 삼았다. 그야말로 형벌과도 같은 훈련이었다. 이 일련의 사례는 인권에 대한 인식이 일반화되기 이전인 구시대의 유물이다.

가장 연약한 존재가 역사 속에서 누구보다도 푸대접받고 심지어 박해까지 겪은 것이다. 어린이야말로 따뜻한 보살핌과 사랑 속에서 자라야 할 존재인데도 말이다. 어린이는 가장 순수한 존귀의 대상이 되어야 하는 존재이다. 아직 혼자서는 무언가를 잘할 수 없고 힘도 약하니 그만큼 사랑을 듬뿍 받아야 한다. 그러니 어린이를 좋지 않은 일과 결부시켜서는 안 되고, 미숙하고 부족한 존재로 그리는 차별 표현을 써서도 안 된다. 앞에서 언급한 주린이, 부린이, 요린이 등의 단어가 어린이를 직접 지시하는 것은 아니지만, 세상의 다양한 일에 익숙하지 않은 초보에게 '-린이'라는 표현을 붙이는 것은 순수한 어린이에게 미안한 일이다.

이런 맥락에서 주린이, 부린이, 요린이는 언어 유희적으로는 재밌게 만들어진 단어일지 몰라도 거기 내포된 생각은 비인권적이고 차별적이므로 쓰지 말아야 한다. 주식 초보, 부동산 초보, 요리 초보, 주식 새내기, 부동산 새내기, 요리 새내기 등 비슷한 뜻을 담은 표현은 얼마든지 있다. 그럼에도 불구하고 '-린이'라는 표현이 '산린이(등산 초보)', '헬린이(웨이트트레이닝 초보)' 등으로 확산되고 있으니 걱정이다. 우리 사회가 이런 표현에 담긴 위험한 뜻을 깨닫고 새로운 인식을 통해 어린이라는 존재의 의미를 되새겼으면 한다.

'잼민이' 또한 대상을 차별하고 비하하는 뜻으로 쓰이고 있다. '재미'와 '재민(한 인터넷 방송의 음성 지원 서비스에 등장하는 남자아이의 이름)'이 결합한 이 말은 재미있는 초등학생이라는 뜻이다. 그러나 의미가 변질하여 초등학생을 '무개념'이라고 낮추는 뜻을 포함하게 되었다. 주로 소셜 네트워크 서비스에서 쓰이는 이 말은 상식적으로 이해하기 힘든 행동을 하는 사람을 조롱하거나 비난하는 뜻을 나타낸다.

어린이는 언제든 무개념일 수 있다. 아직 배움의 시간이 더 필요하기 때문이다. 하지만 무개념이라고 조롱할 일은 결코 아니다. 사랑으로 보살피고 잘 이끌어주어야 하는 어른들의 숙제지, 어린이를 탓할 일은 아니기 때문이다. 그런데도 어린이를 무개념이라는 뜻으로 부르는 이런 말들이 조롱에 사용되고 있으니 큰 문제가 아닐 수 없다.

어린이 시기가 지난 청소년을 지칭하는 차별어도 많이 쓰이고 있다. 청소년도 아직 어른이 되기 이전 단계에 있으므로 사회적 보살핌이 필요하다. 그런데 이런 시기의 청소년을 지시하는 차별어가 쓰이고 있다. '급식충'이라는 말은 미성년자나 중·고등학생 중 민폐를 끼치거나 비행을 저지르는 청소년을 가리킨다. 학교에서 급식을 먹는 청소년을 뜻하는 '급식'에 벌레의 한자어이자 인터넷 속어 '충(蟲)'을 합한 것이다. 이 말은 중·고등학생들이 하교하는 시간대에 인터넷 게임에서 무개념 행위가 벌어져서 생긴 피해 때문에 생겨났다. 처음에는 피해자들이 이 단어를 썼지만 점차 중·고등학생 전체를 포괄적으로 비하하는 뜻으로 쓰는 사람이 많아졌다. 중·고등학생은 초등학생보다는 나이가 많으나 여전히 어른들이 신경 써서 인격적으로 대하며 행복하게 성장하도록 도와야 할 연령층이다. 그런데 그들의 어떤 행위를 두고 이런 멸칭까지 만들어 쓰며 비난하는 현상은 참으로 각박한 사회 현실을 그대로 반영하고 있는 듯하다.

사는 게 힘들면 사람들에게는 불만이 쌓인다. 그 불만을 표출할 대상은 힘없고 만만한 대상이기 마련이므로 화살 끝이 어린 사람에게 향하는 경우가 흔하다. 연약한 인간이 지니기 쉬운 나쁜 습성임이 틀림없다. 이 습성은 결코 긍정적이지 않으니 떨쳐버려야 하는데, 그렇게 하기가 힘든가 보다. 그러다 보니 어른이 위해주고 보살펴야 할 어린이와 청소년을 억압적으로 대하고 조롱하는 일이 허다한 것이다.

지금 어린 사람을 차별하는 사례들을 살피고 있는데, 약자에게 불만을 표출하는 인간의 나쁜 습성까지 연결하여 말하다니 너무 과한 해석 아닌가 생각할 수도 있다. 하지만 어린이란 개념을 서툴고 상식적으로 행동하지 않으며 미성숙한 대상에 생각 없이 적용한다는 것 자체가 비인 격적 행위임을 한번쯤 생각해보면 좋겠다.

이러한 문제는 인격의 문제와 직결된다. 즉, 차별어를 대수롭지 않게 여기거나 심지어 차별이 아니라고 주장하 며 주린이, 부린이, 요린이, 산린이, 헬린이, 잼민이, 급식충 같은 용어를 사용하며 재미를 느끼는 행위 자체가 비인격 적이다. 이런 말들을 쓰는 사용자는 어른뿐만 아니라 어린 이와 청소년 당사자인 경우도 많다. 자신의 연령층을 차별 하는 단어를 그들 스스로 사용하고 있다. 그러나 청소년이 사용하는 언어는 성장하면서 긍정적으로 변화할 수 있다. 그러려면 어른들이 바른 언어생활을 보여줘야 한다. 아이 들이 안 좋은 말을 쓴다고 큰일 난 것처럼 몰아세우지 말고, 어른부터 스스로 모범적이고 훌륭한 언어 사용자가 되자.

인격과 비인격의 차이를 구분하는 기준은 무엇일까? 매우 간단하다. 우리는 누구나 이미 인간이기 때문에 오로 지 그 이유만으로도 인간으로 대우받을 권리가 있다. 그러 므로 우리는 모든 인간이 인간으로서 대우받을 권리가 있 음을 인정하고 그만큼 지켜주어야 한다. 인간이 인간으로 서 대우받을 권리를 지닌 이들과 살기 위해서는 모두가 서 로를 인간적으로 대우해야 하지 않을까?

그런 관점에서 생각하면 비난할 만한 잘못이 있더라도 상대방, 특히 어린이와 청소년처럼 아직 성장하고 있는 이들을 차별하고 하대하면 안 된다. 적어도 최소한의 인격을 갖춘 사람이라면 그런 행위를 하지 않는다. 현재 우리 사회에서 생각 없이 쓰이는 주린이, 부린이, 잼민이, 급식충 같은 단어는 어린이와 청소년을 차별하는 단어임을 꼭 인지하며 문제 삼아야 한다.

이 밖에도 '어린것들'이라며 하대하는 표현이나 '젖비린내 난다', '조막만 한 게 까부네', '머리에 피도 안 마른 것들이' 같은 표현은 그야말로 대놓고 차별하는 사례들이다. 참으로 많은 비속어가 어린이와 청소년들을 향해 쏟아지고 있다. 우리 사회는 험한 사고가 일어나면 어린이부터 구출하는 위기 관리 방식을 사용한다. 어린이에게는 사고가 발생하는 순간뿐만이 아니라 평상시의 나날들이 위기일 수 있다. 왜냐하면 이들은 연약한 상태여서 어른의 일방적 대우를 그대로 받아들여야 하기 때문이다. 세상 살기가 힘들어 내면에 분노가 쌓이더라도 그것을 어린이를 향해 분출해서는 안 된다. 그뿐 아니라, 평상시에도 어린이가 항상 인간다운 대접을 받고 있는지 살피고 보호해야 한다.

세상에 태어난 모든 사람은 잉태기, 유아기, 아동기, 청소년기, 성인기, 노년기라는 생애 주기를 거치기 마련이다. 어떤 이는 이어지는 생애 주기 도중에 생을 마친다. 노년기까지 삶을 이어가는 사람은 모든 생애 주기를 밟아가는 축복을 받은 셈이다. 젊은 시절과 늙은 시절을 모두 겪고 노년기에 접어든 사람은 아직 그 시기를 맞지 않은 사람은 알기 어려운 새로운 인생을 경험한다. 사람이라면 삶의 마지막 단계인 이 시기를 함께 바라보고 이해하며 준비해야 할 것이다.

그런데 언제부터인지 '늙음'을 비꼬고 놀리는 단어들이 생겨났다. 늙음이란 삶을 오래 경험한 후 얻는 축복이고, 숭고하게 바라봐야 하는 대상이다. 그렇지만 많은 사람이 그처럼 깊이 생각하지 못하고 자신이 불편하고 보기 싫다는 이유로, 또는 딱히 이유가 없어도 노인에 대해 못할 짓을 하고 있다. 심지어 어떤 이는 본인의 삶에 짜증이나 분노가 생겨서 화풀이 대상으로 삼기도 한다.

과거의 유교 사회에서는 나이 많은 것 자체가 공경받는 요인이 되었으나, 이제 그런 관념은 사라졌다. 게다가 누구나 늙는 것을 싫어하는 세상이 되었다. 예부터 노화를 좋아한 때가 있었던 것은 아니지만, 현대사회로 오면서 건강과 젊음을 지키는 각종 제품에 대한 광고가 성행하는 한편 늙는 것에 대해 매우 부정적인 이분법적 가치가 형성되었다. 늙음은 곧 질병과 소외를 낳는 환경이 되어버렸으니 어떻게든 젊음을 유지하고 싶어 하는 것은 당연한 일이다. 그렇다고 하여 노년기에 접어든 사람을 비하할 일은 아닌 것이다.

'틀딱'이라는 말에는 참으로 비인격적인 사고가 개입되어 있다. 이 말은 주로 노년층을 차별하는 상황에 쓰인다. 치아가 망가지고 성치 않아서 틀니를 착용하는 사람은 그것만으로도 불편하고 서러운데 왜 남에게 그처럼 험한 소리를 들어야 하는가. 비하의 대상이 자기 어머니나 아버지가 될 수도 있는데, 그런 상황에서도 부모에게 틀딱이라며 못 할 말을 할 것인가. 틀니 때문에 식사할 때 딱딱 소리가 나는 것이 그리도 싫은가. 좀 듣기 불편하더라도 그 고충의 당사자는 어떻겠나 생각하며 참을 수는 없는가.

"무릎관절, 임플란트, 눈깔 백내장, 내가 로봇이여, 로봇"이라고 말하며 한탄하는 할아버지를 뵌 적이 있다. 그 한숨 몇 마디는 내 가슴을 송곳처럼 찌르며 파고들었다. 그리고 수술을 감당하기 어려운 고령임에도 불구하고 무릎이 너무 아파서 관절 수술을 감행한 엄마가 생각났다. 이제는 세상에 안 계신 엄마도 생전에 틀니 때문에 딱딱 소리를 냈던 일이 기억난다. 부분 틀니도 하고 임플란트도 하고 백내장도 겪으며 94세까지 사시고 하나님 곁으로 가신 어머니. 식사 시간에 음식을 드실 때면 틀니 부딪히는 소리가 나곤 했다. 듣기 좋은 소리는 아니었고, 어쩌면 듣기 괴로운 소리일 수도 있었다. 나는 그런 치아로 식사하는 어머니가 안쓰럽고 슬펐다. 그리고 행여 본인이 음식을 먹을 때 소리가 나는 것을 알게 될까, 그래서 음식조차 조심스럽게 먹느라 애쓰실까 두려워서 소리를 못 듣는 것처럼 굴었다.

　대중교통수단에는 노인, 어린이, 몸이 불편한 사람이 앉도록 지정된 '노약자석'이 있다. '노약자'란 '늙거나 약한 사람'을 나타내는 말인데 어쩌면 여기에도 차별이 들어 있다고 할 수 있다. 누군가는 나이 많은 사람을 노인이라 하고, 자리를 양보해야 할 약한 사람을 약자라고 하는데 뭐가 잘못되었느냐고 물을지도 모른다. 취약한 상태를 그대로 표현한 것이 잘못된 일이 아니라 그 상황을 굳이 늙고 약하다는 뜻으로 부를 필요가 있느냐는 점에서 문제가 될 수 있다. 한편으로는 우리 사회에서 그 대상을 곱게 보지 않는 차별적 인식이 개입될 때 문제가 된다고 볼 수도 있다. 말이란 정말 좋은 마음으로 사용하면 배려가 되지만, 그렇지 못할 때는 차별이 될 수 있다. 노약자석을 대중교통에 만든 취지는 물론 좋지만, 우리 사회가 단어를 그런 마음으로 쓰지 않은 것이 문제다. 예를 들어 누군가가 "멀쩡한 사람을 노약자 취급이나 하고 말야"라고 말한다면, 여기에는 노약자라는 단어에 대한 차별적 인식이 들어 있다고 할 수 있다. 노약자는 멀쩡한 사람이 아닌가? 우리 인식 속 노약자의 이미지는 늙고 몸이 불편한 약자이고, 내키지 않지만 우리가 양보해야 하는 대상일 뿐이라면, 그런 사회적 분위기에서 이 단어는 차별어가 될 수밖에 없다.

　서울시는 '노약자석'을 '배려석'으로 고칠 것을 제안했다. 노약자라는 표현이 차별하는 뜻을 담고 있다고 보았기 때문이다. 그런데 곰곰 생각해보면 '배려'라는 말에는 차별의 뜻이 전혀 없는지 의문이 생긴다. 이 단어도 잘못 쓰면 차별어가 될 소지를 안고 있다. 우리나라가 복지사회를 지향하면서 최근 '사회적 배려자'라는 단어가 언론 보도에 자주 등장하고 있다. 현재 시점에 배려자라는 단어는 대상의 의미를 적절하게 표현한 결과일 터이다. 우리는 이 표현을 통해 세상의 현실이 어떠하다는 것을 부분적으로 알게 되고, 사회적으로 도울 대상이 많다는 것도 알게 된다. 그런데 이런 단어들이 만약, 아주 만약 차별하는 의도로 쓰인다면 그 맥락이 단어에 따라붙을 것이다. 이 단어는 지시 대상만 지시하는 것이 아니라 내포적 어감까지 전하는 말이 될 것이다. 그러면 이 단어를 사용하는 것만으로도 차별하는 행위가 되고, 해당 단어는 차별어로 간주될 것이다.

　도와주거나 보살펴주려고 마음을 쓰는 행위를 뜻하는 배려는 참으로 좋은 미덕이다. 그런데 돕고 보살핀다는 인식이 자칫 지나치면, 혜택을 베푸는 입장이 우위에 놓이는 권력적 수직 관계가 포함될 여지가 있다. 정부는 도움이 필요한 이들의 불편을 해소하려 애쓰는데 정작 그들에 대한 사회의 시선이 따갑다면, 정책이 시행되면서 사용된 '사회적 배려자'라는 단어는 써서는 안 되는 차별어가 될 수도 있다. 이것은 어디까지나 만일의 상황에 대한 생각이다. 다행스럽게도 이 말은 지금 차별어로 인식되지 않는다.

도움이나 보살핌을 받는 대상은 사실 그들의 당연한 권리를 누리고 있다고 볼 수 있다. 왜냐하면 생애 주기의 특정 시기나 개인적 상황 때문에 신체적 조건이 여느 사람과 다른 경우, 우리 사회는 당연히 그들의 조건을 고려하여 다른 사람과 비슷하게 생활하도록 조정하기 위해 노력할 필요가 있다. 대중교통 지정석은 그런 관점에서 만들어졌다. 그러므로 누가 누구에게 '양보'하고 '제공'한다는 인식은 그리 바람직하지 않다. 그 인식이 자칫 차별의 맥락을 형성할 수 있기 때문이다.

대중교통에서 지정석을 지정받는 것이 어떤 점에서 당연한 권리일까. 이 문제는 평등 사회의 본질적 가치와 밀접하므로 잘 들여다볼 필요가 있다. 우리 인간은 각자의 출발선이 똑같지 않다. 누구는 힘이 약하고 누구는 능력이 더 많고 누구는 경제력이 없는 등 다양한 인간이 모여 사는 사회에서 다양성을 무시한 채 어찌 동일한 조건으로 기준을 설정할 수 있겠는가.

인간의 평등을 유지하는 것은 인간의 책임이다. 이 과정에서 더 혜택을 받거나 덜 받는 구조가 형성된다. 그러므로 당연히 누려야 할 권리를 제공하면서 배려라고 이름 붙이는 것이 문제가 될 수 있음을 많은 사람이 인식하면 좋겠다. 어찌 보면 대중교통의 좌석은 누구나 앉을 수 있지만 그래도 먼저 앉을 사람이 있으니 자리를 비워둔다고만 생각하면 배려라는 개념이 그릇되었다고 볼 수만은 없을 것이다. 문제는 배려하는 입장에서 내가 너에게 베풀고 있으니 고마워하라는 식의 수직적 사고가 개입되는 것이다.

한편 지정석에 앉는 사람은 사회적 제도에 대해 감사할 필요가 있다. 당연한 권리에 해당하지만, 그 권리를 인정하는 사회의 노력은 고맙기 때문이다.

우리 사회의 노년층은 인생의 선배이다. 나도 60세가 넘고 몇 년이 지났으니 노년층인데 마음은 아직 어리기만 한 것 같다. 가만히 생각해보면 나보다 30세 많은 어머니가 걸으신 그 길을 똑같이 걷고 있는 그 이상도 이하도 아니다. 어머니가 연세가 드시고 마음이 약해져서 걱정하는 소리를 하시면 나는 왜 그리 걱정하냐고, 하나님 믿는 사람이니 하나님 굳게 믿고 걱정하지 마시라며 짜증을 냈다. 어머니는 무릎이 아파 천천히 걸으셨는데, 시간이 급했던 나는 빨리 걷지 못하는 어머니를 못마땅해하기도 했다. 어머니 치아가 하나둘 상할 때마다 출근 시간 조정하며 치과에 모시고 가는 사정도 쉽지는 않았다. 지금 돌이켜보면 가슴 아픈 것은 그런 상황에서 나에게 의존하지 않으면 안 되는 처지를 비관하며 너무도 미안해하시던 어머니의 가련함이다. 한없이 작고, 미세한 공기에도 떠밀리는 습자지처럼 파르르 떠는 듯한 연약함. 이 사정이 바로 늙음이라면, 그것을 함께 품고 온전히 공감하기는 어려워도 이해하려는 마음은 가슴 한편에 내드려야 하지 않겠나.

그래서인지 나는 늙었다고 차별하는 소리를 접하면 무척 화가 난다. 누구도 늙음에 대해 차별할 권리가 없다. 만일 '차별받을 만하니 차별하지'라고 생각한다면 정말 벌받을 만한 일이다. 틀딱, 틀딱충, 중늙은이, 뒷방 늙은이, 할망구, 늙은것들, 노친네 등의 단어는 이 세상의 사전에서 사라져야 한다. 오죽하면 '노인'을 '어르신'으로 고쳐 부르자는 제안이 나왔을까. 노인 공경에 대한 우리 사회의 인식이 너무 낮기 때문에 그랬을 것이다. 한잠 자고 나면 자신도 늙는다는 사실을 모르고 사는 우리는 참으로 한계가 많고 못 말리는 존재임이 분명한 듯하다. 그러나 최소한 나쁜 말을 사용하는 사람은 되지 말자.

모르며
차별하고

　　우리 주위의 많은 사람이 차별어의 뜻을 모르면서 사용하는 경우가 흔하다. 예전부터 쓰이던 말이어서 별생각 없이 자연스럽게 사용한다. 이런 말들 가운데 일부는 겉으로 잘 드러나지는 않지만 어원에 차별하는 뜻이 있다. 예를 들면 '매춘' 같은 단어이다. 한자로는 '賣春(팔 매, 봄 춘)'이다. '춘'은 봄이란 뜻이 있다. 의미가 확장되어 젊은 시절이나 남녀의 연정을 뜻하기도 한다. 매춘에는 남녀의 연정이란 뜻이 적용되는데, 한 사람이 돈을 받고 다른 한 사람이 돈을 주는 계약관계를 맺은 후의 연정 행위를 지시한다. 문제는 파는 쪽에만 초점을 둔 '팔 매(賣)'를 쓴다는 것이다. '산다'는 뜻을 지시하는 한자는 '매(買)'인데, 매춘이란 단어에는 쓰이지 않는다. 매춘 행위의 주체를 사는 쪽이 아니라 파는 쪽에 둔 것이다. 즉, 매춘의 책임을 그렇게 보고자 하는 인식이 개입되었다고 할 수 있다. 매춘을 주로 여성이 하는 것으로 인식한 결과 매춘부(賣春婦)라는 말은 있으나 매춘남이라는 말은 없다. 매춘부의 '부(婦)'는 며느리, 아내, 여자를 뜻하는 한자이므로 매춘부는 여자라는 뜻이 적용된다. 두 사람이 함께 매춘 행위를 함에도 불구하고 여성에 초점을 두어 매춘이라는 단어가 만들어졌고, 사회적·윤리적 문제가 제기될 때 여성에게만 비난이 쏠리곤 했다.

　매춘과 같이 불평등한 단어는 이 외에도 꽤 많다. 예로부터 여성은 힘이 약한 존재로 인식되고 푸대접도 많이 받았다. 남편을 여의고 혼자 된 여인을 '미망인'이라고 한다. 이 단어는 '과부'보다는 존대하는 의미를 담고 있지만, 과거에 아내의 삶이 남편에게 종속되어 있었음을 보여주는 예이다. 미망인이란 단어의 기원은 중국의 역사 주해서 《춘추좌씨전(春秋左氏傳)》이다. 이 책에 등장하는 한 여인이 자신을 낮추어 미망인이라고 표현했고, 이 단어가 일반화되어 남편이 죽은 부인을 지시하게 되었다. 한자 뜻을 살펴보면 섬뜩하고 기가 막히다. '미망인(未亡人)'은 '아닐 미, 죽을 망, 사람 인'으로, 죽지 않은 사람이란 뜻이다. 남편과 달리 아직도 죽지 않고 살아 있는 사람이라는 뜻이니, 어필종부라는 유교식 사고의 영향으로 남편이 죽으면 아내도 따라 죽어야 한다는 생각이 서려 있는 것이다. 과부라는 표현 대신 사용한 말이라고는 하나 높이는 말은 전혀 아니다. 죽어야 할 사람이 살아 있다는 말도 안 되는 뜻을 표현한 것뿐이다.

국어사전의 뜻풀이에 따르면 미망인은 "아직 죽지 않은 여인"인데, 몇 년 전에 "남편을 여읜 여자.《춘추좌씨전》의〈장공 편(莊公篇)〉에 나오는 말이다"라고 수정되었다. 이 단어의 순화어로 '고 ○○○의 아내' 또는 '고 ○○○ 씨의 부인'이 제시되었다. 그러니 이제 미망인이라는 말을 쓰지 말고 순화어로 표현하면 되겠다. 국어사전에는 미망인 외에 '미망'이란 표제어도 있다. 이 단어의 뜻풀이는 "남편은 죽었으나 따라 죽지 못하고 홀로 남아 있음"이다. 미망이란 단어가 다른 곳에는 쓰이지 않고 미망인에만 쓰이는데 굳이 미망을 표제어로 실을 필요가 있을까.

이처럼 미망인이란 단어의 뜻이 좋지 않으니 쓰지 않

아야 한다는 인식이 퍼지고 있지만 아직도 곳곳에 흔적이 남아 있다. 예를 들어 국가보훈처 공식 블로그에는 한국전쟁에 대한 설명과 함께 "전쟁 미망인 30만 명"이라는 표현이 등장한다. 이런 흔적들은 찾아서 고쳐야겠다.

한편으로는 그저 단어의 뜻이 좋지 않은 것뿐인데 어째서 차별어로 간주하느냐는 의문이 들 수도 있다. 차별어로 보는 이유는 여성에게만 이런 뜻을 붙여 표현했기 때문이다. 아내가 먼저 죽더라도 남편이 스스로를 미망인이라고 하지 않았고, 다른 사람들도 남편을 미망인이라고 부르지 않았다.

즉, 유교 사상에 이미 여성을 차별하는 인식이 있었고, 그 사고가 미망인이란 단어로 표현되어 널리 쓰였다. 현대인이 그런 뜻을 모르고 썼다면 이제부터는 쓰지 말자고 이해하면 된다. '졸저'라는 단어는 책을 쓴 사람이 자신의 책을 겸손하게 낮추어 부르는 말이다. 이 단어는 본인 외에 다른 사람이 사용하지 않는다. 반면 원래 여성을 낮춘 말인 미망인은 다른 사람들이 널리 사용했다. 그러므로 차별어가 된 것이다.

양성 불평등과 성차별에 대한 인식을 담은 또 다른 단어로 '미혼모'가 있다. '미혼모(未婚母)'에도 '아닐 미'라는 한자가 쓰였다. 미망인이 '아직 죽지 않은 사람'으로 풀이되는 것과 비슷하게 미혼모는 '아직 결혼하지 않은 엄마'라는 뜻을 지닌다. 이 말은 비혼모라는 단어와 대비적으로 뭔가가 결여되었다는 어감을 풍긴다. 동시에 상대방인 남성에 대한 명칭에는 거의 사용되지 않고 모든 책임과 어려움을 여성에게 돌린다는 점에서 양성 불평등을 담은 표현으로 간주할 수 있다.

　이와 달리 '비혼모(非婚母)'는 자발적으로 결혼하지 않고 아이를 키우는 엄마를 뜻한다. 사전적으로 미혼모는 자발적이지 않지만, 비혼모는 자발적인 상황으로 구분되어 다르게 정의된다. 사실 미혼모도 자발적 선택으로 엄마가 되었으므로 굳이 자발성에 따라 미혼모와 비혼모를 구분할 필요가 없다. 그래서 요즘은 몇몇 사람이 차별적 어감이 없는 비혼모를 미혼모의 대체어로 제시하고 있다. '미망인'을 쓰지 않기로 했듯이 모든 경우에 '비혼모'로 고쳐 쓰는 것이 좋다고 본다. 한편으로는 미혼모를 '독신녀'로 고쳐 부르자는 방안도 제시되었다.

　표면적으로 미망인은 '과부' 대신 높이는 뜻으로 사용한 말이었다. 그렇다면 과부에는 어떤 뜻이 있는지 알아보자. '과부(寡婦)'의 어원은 '적을 과, 며느리(아내, 여자) 부'로,

직역하면 모자라는 부인이란 뜻이다. 임금이 자신을 부를 때 사용한 '과인(寡人)'은 덕이 적다는 뜻으로 스스로를 낮추는 겸칭이다. 하지만 다른 사람들이 임금을 과인이라고 부르지는 않는다. 반면 남편을 여읜 여인은 과부라고 부른다. 이 단어는 남편을 여읜 상황은 뭔가가 부족하다는 인식 때문에 만들어졌다고 짐작된다. 이런 말을 무심히 써서는 안 된다. 더욱이 '부(婦)'의 의미가 합쳐지면 남편이 죽은 여인을 모자란 여인 또는 며느리로 부른 셈이 되니, 결과적으로 한 사람의 존재를 엄청나게 차별하게 된다.

'처녀'는 아직 결혼하지 않은 성년 여자를 지시한다. 한자 '처녀(處女)'는 머물러 있는 여자라는 뜻이다. 이 단어는 특별히 성 경험이 없다는 뜻을 포함하고 있다. 처녀성 같은 단어는 처녀에 성적 순결의 의미를 더한 것이다. '처녀작', '처녀림', '처녀비행', '처녀 출전', '처녀항해' 등에는 처음으로 하는 것 또는 아무도 손대지 않은 것이란 뜻이 있다. 결혼하지 않은 성년 중 유독 여성에게만 순결 이념을 강조하니 역시 차별어로 간주할 수 있다. 처녀작은 첫 작품으로, 처녀림은 원시림으로, 처녀비행은 첫 비행으로, 처녀항해는 첫 항해로 고쳐 쓰면 좋을 것이다.

'형제애', '효자 상품', '학부형', '신사협정', '소년원' 등도 늘 쓰이는 말이므로 내재된 뜻을 인식하지 않으면 차별어인지 모를 수 있다. 이 단어들에는 여성이 배제되어 있다. 자녀를 학교에 보낸 사람을 지칭하는 '학부형(學父兄)'은 어원적으로 아버지와 형을 지시하는 단어이다. 여기에는 어머니가 배제되어 있다. 반면 남성을 배제한 것도 있다. '자매결연', '모교', '유모차', '녹색어머니회' 등이 일례. 서울시는 학부형을 '학부모'로, 유모차는 '유아차'나 '아기차'로, 녹색어머니회는 '녹색학부모회'로 고쳐 쓰자고 제안했다. 그런가 하면 학부모를 '보호자'로, 녹색어머니회를 '교통안전봉사회'로 부르자는 제안도 있었다. 또한 '자매결연'은 '상호결연'으로 바꿔쓰자는 제안도 나왔다.

　　이처럼 우리가 별생각 없이 쓰던 단어 중에는 어원적으로 차별하는 의미를 포함한 것이 있으니 유의하는 것이 좋다. 어원과 무관하게 미처 인식하지 못하며 사용하는 또 하나의 차별 표현이 있다. 너무 익숙한 표현이라 많은 사람이 차별이라고 생각하지 않을 '자연보호'를 생각해보자. 함민복 시인은 자연보호라는 말에서 폭력적인 냄새가 난다고 했다. 광활한 대자연을 인간의 보호를 받아야 하는 존재로 인식하는 것 자체가 폭력적이라는 것이다.

이 말을 들은 나는 우리가 자주 사용하는 '자연보호'에 과연 진심으로 자연을 잘 지켜내려는 의도가 담겼는지 생각해보았다. 엄밀히 따지면 자연이 인간을 보호했다고 보는 것이 맞다. 자연은 우리에게 먹을 것과 깨끗한 공기를 제공해주는 원천이기 때문이다. 그런데 인간은 편의와 필요에 따라 마음대로 자연을 훼손했다. 그러면서도 자연을 보호하자고 말하니, 여기에는 교만이 내재되어 있다고 할 수 있다.

자연의 본질적 가치를 폄하한다는 점에서 자연보호는 차별적 표현이다. 편견과 선입견을 지닌 인간은 자연에 대해 오만했다. 게다가 지금도 자연보호를 주장하는 한편으로 자연을 파괴하고 있으니 엄청난 차별을 자행하는 또하나의 숨은 영역이라고 할 수 있다.

이처럼 일상적 단어가 차별어인지 몰라서 사용하는 경우가 있다는 사실에 유의하고, 어원적·사전적 뜻에 차별이 개입된 단어가 의외로 많다는 것을 깨달을 필요가 있다.

05

알아도
차별하고

앞에서 이야기했듯 어원에 차별하는 뜻이 있지만 한자어여서 사람들이 모르는 채로 쓰는 경우가 많다. 이와 다르게 엄연히 겉으로 차별을 드러내는 표현임에도 불구하고 거리낌 없이 쓰는 경우도 있다. 미망인이라는 한자어에 담긴 차별적 의미를 모른 채 무심코 사용해왔다면 잘 몰라서 그랬다고 볼 수 있다. 그러나 차별성이 뚜렷한데도 신경 쓰지 않고 차별어를 사용하는 일이 더 많다. 많은 영역에서 차별 행위가 일어나는데, 여기서는 우리 사회에 가장 널리 퍼져 있다고 생각되는 성차별에 관해 언급하겠다.

성차별은 예로부터 사람들 인식 속에 깊이 뿌리내린 고질병과 같다. 사회에서 모든 사람을 일차적으로 구분할 때는 뚜렷한 특징에 따라 여성과 남성으로 나눈다. 성경은 인류의 조상을 남자인 아담과 여자인 이브로 설정했다. 이러한 성별 분류는 현대까지 이어져 내려오고 있다. 그런데 어째서인지 옛날부터 여성은 남성에 비해 매우 푸대접을 받았던 것 같다. 힘이 약해서 그랬을까. 마치 어린이가 힘이 약해 지위가 낮아졌던 것처럼. 문헌을 확인하며 시기별로 나타난 성차별의 역사를 따져본 적은 없지만, 씨족사회와 부족사회의 경우 모계의 여성이 중심을 차지한 때도 있었다. 그러나 우리가 아는 삼국시대 이후의 역사에서는 대부분의 왕좌와 주요 벼슬을 남자가 차지했고, 가부장적인 가정교육이 이어지고 있다. 이러한 역사가 지금까지 면면히 내려왔다.

세계 역사에서 발생하고 이어진 여권신장, 페미니즘, 여성운동 등은 여성들이 차별의 깊은 골에서 벗어나기 위해 몸부림친 결과였다. 인권을 존중하는 의식이 높아지고 여성 차별이 한결 수그러들면서 오히려 역으로 남성 차별에 대한 문제도 나타나는 가운데 인류는 현대에 접어들었다. 우리의 일상을 살펴보면, 많은 사람이 느끼는 성차별 문제는 결코 가볍지 않다. 가정에서 아들과 딸을 차별하는 습성이 여전히 남아 있고, 사회의 여러 분야에서 드러나는 여성에 대한 인식도 성차별적이다. 그것은 차별이 아니라 남녀를 구분하는 인식이 작용한 결과라는 주장도 있으나, 당사자는 차별받았다고 생각할 수밖에 없는 경우가 많다.

최근 몇 년간 나는 매 학기의 대학 수업에서 학생들과 '차별'에 대해 이야기 나누는 기회를 마련했다. 그 과정에서 그들 각자의 마음속에 평상시 감정과는 다르고 허연 달무리처럼 서늘한 그 무엇이 드리워져 있다는 것을 깨달았다. 그중 일부 사례는 억울하다고 분명히 항변할 수 있는 일이 아니었다. 그저 지나가는 말로 잠시 드러나고 사라져버려서 눈에 보이는 상처처럼 반창고를 붙일 수도 없었다. 차별한 사람에게 왜 차별하느냐고 말하기 힘든 상황도 많았다. 어쩌면 그래서 더 기분 나쁘고 치사한 느낌이 들었을 것이다. 마치 달무리같이 습하고 개운치 않은 느낌, 그래서 속으로 달무리무늿병에 들리는 듯한 느낌.

흔히 '성차별!' 하면 여성 차별을 많이 떠올리지만 남성도 차별로부터 자유롭지는 않다. 한 남학생은 고등학생 때부터 옷차림에 관심이 많아서 어떻게 하면 옷을 멋있게 입을까 신경 쓰곤 했다고 한다. 한번은 인터넷에서 본 대로 티셔츠 앞쪽을 바지 안에 넣고 뒤쪽은 빼서 입고 교회에 갔다. 그러자 어른들이 티셔츠 앞부분만 넣어 입는 것은 여자애들이나 하는 것 아니냐고 물었다고 한다. 그 말에 악의가 없다는 것을 알면서도 남학생은 부끄러운 마음에 얼른 티셔츠 앞쪽을 바지 밖으로 꺼냈다.

이 경험담을 듣던 나는 내가 그 상황에 처했다면 어땠을지 생각해봤다. 참으로 무안하고 기분이 좋지 않을 것 같았다. '여자애들이나'라는 말도 마음에 걸리고, 옷 입는 방식에 여자 방식과 남자 방식을 구분하는 것도 이상했다. 사실 많은 사람이 어릴 때부터 왜 남자처럼 구느냐는 둥, 왜 여자처럼 구느냐는 둥의 말들을 들으며 살았다. 나는 어릴 때도 왜 남자와 여자를 그리도 구분하는지가 의아했다. 지금도 그렇게 구분하며 말하는 사람이 있다는 사실이 놀랍지 않은가.

한 여학생은 내게 이렇게 말했다. 유니폼은 남자용 치수가 훨씬 편하고 다양하게 구성되어 있다. 여자 유니폼은 라인이 잡혀 있고 짧으며 치수도 제한적이다. 일터의 매니저는 다른 사람들 의견은 듣지 않고 남자 아르바이트생에게 무거운 것을 운반하는 일을 시키고 여자에게는 소일거리 같은 일을 준다. 그러면서 생색이란 생색은 다 낸다. 손님들의 태도는 정말 제대로 엇갈린다. 여자가 응대할 때는 반말이나 격한 행동을 서슴지 않는데, 남자가 응대하면 존 댓말은 기본이고 모든 말에 온순하게 대답한다. 손님인 자 신이 갑이라고 생각하기 때문에 그렇게 행동한다면 어째 서 남자 앞에서는 순한 양이 되는가? 그때마다 모든 걸 그 만두고 싶어진다. 자기 경험을 들려준 여학생의 이야기에 는 이처럼 다양한 사연이 있었다.

또 다른 한 남학생은 내게 이렇게 이야기했다. 그의 어 머니는 "남자가 부엌에 들어오면 고추 떨어진다"라고 자 주 말하며 주방에 오지 못하게 했다고 한다. 명절에 전을 부치지도 못 하게 했다. 그는 그것이 못마땅했고 자신도 함께하고 싶었다. 또한 할머니는 그의 여동생들에게 오빠 밥 챙겨주라고 소리치곤 했다. 그때마다 그는 좌불안석이 되곤 했다.

명절에 여학생들이 겪는 애환은 더 심했다. '아직도 이렇다고?' 하며 놀랄 일이 매우 많은 이야기였다. 이를테 면 이렇다. 어머니와 함께 집안일을 할 때면 성차별을 크 게 느끼게 된다. 아버지도 집안일을 하긴 하지만 명절 때 는 여성들이 전담하여 도맡게 된다. 음식 준비나 상차림부 터 설거지까지 여자의 손이 안 닿는 곳이 없고, 남자의 손이 닿은 곳은 찾기 힘들다. 그리고 과일을 잘 못 깎으면 어른들은 "여자가 과일 하나 못 깎아서 어떻게 하냐"라며 핀잔을 놓곤 했다.

　나와는 나이가 40살 정도 차이 나는 이 학생들의 이야기는 내가 겪은 현실과 전혀 다를 바 없었다. 물론 그렇지 않은 경우가 많아지긴 했을 것이다. 그러나 아직도 많은 불평등이 지속되고 있다.

　우리 사회에는 남자는 어때야 하고 여자는 어때야 한다는 역할 구분에 대한 편견 내지는 기대치가 아직도 깊숙이 스며 있다. 그만큼 성차별어도 만만치 않게 많다.

　지금은 사라졌지만, 불과 20년 전만 해도 일부 남성들이 자기 아내를 얕잡아 '부엌데기', '솥뚜껑 운전수'처럼 깔아뭉개는 말로 표현하곤 했다. 아내가 부엌에서 하는 일을 보잘것없게 여기고 가치도 제대로 인식하지 못했나 보다. 어쩌면 농담조로 그렇게 말했을 수도 있다. 그러나 이 말을 듣는 아내나 여성 누구든 기분 좋을 리가 없다. 안 그래도 해도 해도 다시 해야 하고 표도 나지 않는 집안일 때문에 힘든데, 그 어려움을 조금이라도 안다면 절대 그렇게 표현해서는 안 된다. 그런 말들이 널리 쓰이자 한편으로 일부 주부도 자기 처지를 한탄할 때 같은 말을 쓰기도 했다. 그야말로 가사 노동은 당연히 여자가 해야 하는 임무로 생각하던 시절이었다.

우리 사회에서 이혼율이 증가하면서 요즘은 이혼이 특별하지 않은 일로 여겨지고 있지만 얼마 전만 해도 큰 사건으로 취급되었다. 이혼은 여성과 남성 둘 사이에 벌어지는 일인데도 이혼한 여성을 '중고'라고 표현하는 경우도 많았다. 이혼한 남성에 비해 흠이 더 크다는 의미이기도 했다. 그야말로 남성 중심의 성차별 인식이 짙게 깔린 표현이다.

"암탉이 울면 집안이 망한다"라는 속담이 여전히 쓰이는 사회 분위기 속에서 아내를 '여편네'라고 비하하기도 하고, "남자는 여자 하기 나름"이라며 남자가 잘못한 일의 책임을 여자에게 전가하기도 했다. "여자가 재수 없게", "감히 여자가", "여자가 하면 얼마나 한다고" 같은 표현에 '여자' 대신 '남자'를 쓰는 일은 거의 없었다.

그럼 남성은 차별받지 않았냐고 물으면, 결코 그렇지 않다. 여성 차별어보다는 적지만 남성에 대한 차별어도 꽤 많다. '기생오라비'라는 단어는 기생처럼 곱게 꾸미고 일하기 싫어하는 젊은 남자를 얕잡아 이를 때 쓰였다. 이 단어는 여성을 차별하는 것인지 남성을 차별하는 것인지 모호한 면도 있다. 기생을 함께 비하하는 뜻도 있고, 남성을 그처럼 비하하는 기생에 빗대므로 이중 차별이라고 볼 수도 있다. 어쨌든 문제는 곱게 꾸미거나 예쁜 남성이 왜 비하 대상이 되어야 하느냐는 것이다.

남성은 이래야 하고 여성은 이래야 한다는 편견이 우리 사회에는 매우 많았다. 목소리가 크거나 크게 웃거나 힘이 센 여자에게는 여자가 그러면 되냐고 핀잔을 주었다. 목소리가 작거나 힘이 약하거나 다소곳한 남자에게는 남자가 왜 그러냐고 핀잔을 주었다. 사실 남자나 여자가 꼭 어때야 한다는 생각은 논리에 맞지 않을뿐더러 가치도 없다. 인간은 각기 개성을 지니고 태어나 자기 모습대로 살아가는데, 어째서 기존의 선입견과 경계에 처박아 넣는가.

성차별어에 관한 사례는 이뿐만이 아니다. 우리가 여태 차별어라고 인식하지 못했을 뿐 따지고 보면 차별 인식이 엄연히 들어 있는 표현이 많다. 예를 들어 '샐러리맨', '세일즈맨', '삼성맨', '영업맨' 등은 한 성을 통칭하여 남녀를 포괄하는 단어이다. 여자 사원 입장이라면 영업맨이나 삼성맨이란 지칭을 들어야 하니 잘못된 일이라 할 수 있다. 이 단어들은 '영업 사원', '삼성 사원'처럼 표현하면 될 일이다.

남자인지 여자인지, 결혼했는지 안 했는지에 대한 사연은 그저 사적인 정보일 뿐이다. 그러므로 굳이 표면적으로 밝히지 않아도 된다. 예를 들어 요즘 '직장맘'이란 표현이 쓰이고 있는데, 직장인이면서 엄마라는 것을 굳이 밝힐 필요가 없다. 사적인 징보가 꼭 필요할 때 표현하면 되는 것이지 일상적 호칭에 사적 정보를 포함할 일은 아니다.

　　과거 역사에서는 여자가 직업이나 신분을 가지면 '여-', '여자-', '여류-' 같은 표현을 붙였다. 남자에게는 그렇게 하지 않았다. '여권신장', '여권운동', '여성운동', '여성학', '여성해방' 같은 단어는 여성들이 지위가 매우 낮은 환경에서 벗어나기 위해 노력한 활동들을 대변한다. 여기에 대응하는 '남권신장', '남성운동', '남성학', '남성해방' 같은 말은 사용되지 않았다. 남자에게는 그렇지 않았는데 여자에게는 제대로 인간 대접을 하지 않았던 상황이 드러나는 예들이다.

　　성차별어와 관련하여 흔히 볼 수 있는 현상 중 하나는 비대칭적 여성 강조다. 여성을 지시할 때 유독 '여-' 또는 '여자-', '여류-' 등을 붙인 것이다. 같은 직업이나 신분을 두고도 여성에게만 '여-'를 붙였으니 차별적이라고 볼 수 있다. '여의사', '여기자', '여사장', '여군', '여교사', '여교수', '여경', '여대생' 같은 말은 쓰여도 '남의사', '남기자', '남사장', '남군', '남교사', '남교수', '남경', '남대생' 같은 말은 쓰이지 않는다.

과거에는 의사, 기자, 사장, 군인, 교사, 교수, 경찰, 대학생 같은 직종이나 신분에 남자가 많아서 그 일에 종사하는 이는 당연히 남자라는 선입견이 작용했다. 의사가 여자라면 남자 의사와 직업이 같으니 그저 의사라고 부르면 될 것을, 남자 의사는 그냥 의사라고 하고 여자 의사는 여의사라고 불렀다.

흔히 쓰이는 말은 아니지만 '여신동'에는 대응하는 '남신동'이라는 말이 없다. 그 이유는 '신동'이라면 으레 남자겠거니 생각하기 때문이다. 또 '여걸'은 용기가 뛰어나고 기개와 풍모가 있는 여성을 뜻하는데, 이에 비해 '남걸'이라는 말은 없다. 남자의 용기가 뛰어나고 기개와 풍모가 있는 것은 너무도 당연한 일이라고 생각하기 때문이다. 재주와 슬기가 뛰어난 사람을 뜻하는 준걸이라는 단어도 들으면 곧바로 남자를 생각하게 된다.

간첩도 '여간첩'은 있어도 '남간첩'이라는 말은 쓰이지 않았다. 간첩들이 주로 남자였기에 간첩 중 여자가 있으면 여간첩이라고 부른 것이다. 그러면 이런 예도 성차별어라고 볼 것인가. 간첩은 좋은 뜻이 아니니 이런 맥락에서 굳이 여성을 차별하여 '여-'를 붙였다고 보는 것은 좀 이상하다. 그러나 어떤 역할을 수행하는 사람에게 '여-'를 붙이는 것을 차별로 보는 논리를 여간첩에도 적용할 수 있다.

간호사는 주로 여성의 직업이었는데 이제는 남자 간호사도 많아졌다. 이런 변화가 시작된 초기에는 '남자 간호사'라는 표현이 쓰였다. 즉, 여성이 많은 직업 분야에서 남자가 일하면 '남자'라는 말을 붙였다. '여-'를 붙인 표현을 여성 차별어로 간주한 만큼, '남-'을 붙인 단어도 남성 차별어로 간주해야 할 것이다.

그런데 유독 여성 유표적 단어만 차별어로 생각되는 것은 우리 사회에 널리 퍼진 여성 차별 인식과 결합하면서 비대칭적 단어들이 더욱더 성차별어로 인식되기 때문이다. 따라서 '남자 간호사'라는 말을 굳이 남성 차별어로 인식하지 않는 반면 '여자 과장'은 차별어로 인식하는 것이다. 어떤 직업이나 신분의 주체가 여성이면 색안경을 쓰고 지시하려는 의도가 다분히 개입되므로 이러한 비대칭적 여성 강조 어휘를 차별어로 간주할 수 있다. '여성지'나 '여성 잡지'처럼 새로이 등장한 매체를 지시하는 경우에는 필요한 표현이지만, 사람 자체를 지시할 때 굳이 성별을 표현할 필요는 없다.

여성지나 여성 잡지는 그 개념을 따지면 모호하다. 대상 독자층이 여성이어서 그렇게 이름 붙였지만, 여성만 등장하는 것도 아니고 여성만 보는 것도 아닌데 왜 굳이 여성을 표방했을까. 여성을 위한 책과 독서가 부족했던 과거를 반영한 현상일 텐데, 현재는 특정 소비층을 겨냥한 의도 때문에 쓰이고 있는 듯하다. 그러나 남성지는 없는데 여성지가 있다는 것은 이상한 일이다.

여성과 남성을 지시하는 표현에는 대칭적인 것도 많다. 예를 들어 여자/남자, 여자아이/남자아이, 여자 분장/남자 분장, 여자애/남자애, 여동생/남동생, 여우주연상/남우주연상, 여성미/남성미, 여성복/남성복, 여성상/남성상, 여성 합창/남성 합창, 여성호르몬/남성호르몬, 여아/남아, 여장/남장, 여탕/남탕 등이 있다. 이 지시 대상들은 여성과 남성에 해당하는 단어가 공평하게 형성되어 있다. 하지만 의미 영역을 보면 직업이나 신분에 해당하는 것은 별로 없다. 앞에서 살핀 직업이나 신분을 나타내는 단어들이 비대칭적인 것과 대조된다. 역시 과거 우리 사회에서 사람들이 사회적 역할을 하는 과정에서 여자가 약세였고 차별받았다는 점을 알 수 있다.

단어 구성에서 여성과 남성 중 어느 성을 앞에 내세웠는가도 성차별과 관련된다. 즉, '남녀'라고 말할 때 '남'을 앞세우지 '여남'이라고 하지는 않는다. 남녀라는 단어는 남녀공학, 남녀평등, 남녀노소, 남녀유별 같은 단어에도 널리 쓰인다. '남매'도 남성을 먼저 지시하고, '아들딸'도 그러하다. 그런데 "딸 아들 구별 말고 둘만 낳아 잘 기르자"라는 산아제한 운동 구호에서는 여자가 먼저 지시되었다. 평소에는 '아들'을 먼저 지시하다가 특별히 '딸'을 먼저 지시한 이 상황에는 성별에 따라 출생 계획을 바꾸지 말자는 맥락이 있다. 예전에 출생률이 높았던 이유 중 하나는 딸이 태어나면 아들을 낳을 때까지 아기를 낳는 가정이 많았기 때문이다. 이 상황을 두고 "아들딸 구별 말고"로 표현하지 않고 "딸 아들 구별 말고"로 표현한 것이다. '아들딸'이라는 익숙한 표현을 그대로 쓰면 환기 효과가 적을 듯해서 순서를 바꿔 '딸 아들'이라고 표현한 듯하다.

현대로 오면서 인류 구성원으로서 여자와 남자는 평등하다는 인권 의식이 높아졌다. 그럼에도 불구하고 성차별 문제가 여전히 이슈가 되는 이유는 과거의 뿌리 깊은 억압을 떨쳐내려면 시간이 더 필요하기 때문이다. 우리 사회는 여성은 어떠하고 남성은 어떠하다, 여성은 어떠해야 하고 남성은 어떠해야 한다는 성차별적 선입견을 떨쳐낼 수 있어야 한다. 그러기 위해서는 우리 모두가 존중하고 존중받아야 할 평등한 인권을 지닌 사람이라는 인권 의식을 강화하며 함께 노력해야 할 것이다.

성차별 표현은 언론 기사에서도 쉽게 발견할 수 있다. 불과 5년 전만 해도 성차별적인 보도가 꽤 많았는데, 요즘은 언론 매체도 각성하고 매우 조심하고 있다. 스포츠 경기에서 승리한 여성 선수에게 "박수받을 만하죠? 얼굴도 이쁘게 생겨가지고"라고 언급하거나 "엄마는 역사다"라는 표제를 붙인 언론 보도들을 보면, 여성 선수와 관련해서는 경기 내용이 아니라 외모와 사적 정보에 더 관심 있는 것 아닌지 의심되었다. 한 대학 연구 팀이 이러한 사정을 분석한 결과에 따르면 언론이 순수하게 경기와 관련된 단어를 사용한 비율은 남성 선수가 여성 선수보다 3배 이상 높았다. 남성 선수에게는 빠르다, 실력이 뛰어나다 등 경기력에 초점을 맞추어 설명했지만, 여성 선수에게는 '예쁘다'거나 '미혼이다' 등 결혼 여부나 나이, 외모 등에 초점을 맞춘 것이다.

현대사회에서 예전에는 따지지 못했던 많은 불평등을 지적할 수 있는 이유는 인권이라는 절대적 개념에 대한 인식이 높아졌기 때문이기도 하다. 하지만 추상적 인권 개념만으로는 성차별 인식을 극복하기 힘들다. 가령 누군가가 자신이 생각하는 여성 인식의 잣대로만 여성을 위하면, 자신이 상대 여성의 인권을 침해하더라도 그 사실을 깨닫기 어려울 것이다. 그처럼 여성을 위한다는 행위가 인권을 침해하는 사례로 연결되는 경우가 실제로 많다. 중요한 것은, 더 세심하게 인간으로서 여성과 남성을 바라봐야 한다는 점이다. 앞에서 본 아들과 딸에 대한 성차별이 유발하는 찜찜하고 석연치 않고 불쾌한 심정을 많은 사람이 역지사지의 관점으로 이해하면 좋겠다.

06

다르다고
차별하고

서로 다르다는 것은 결코 틀렸다는 의미가 아니다. 다르다는 것은 같지 않다는 뜻이고, 틀리다는 것은 셈이 그릇되었거나 사실과 어긋난다는 뜻이다. 같지 않다고 해서 상대가 그릇되었거나 어긋났다고 말할 수는 없다. 단지 차이가 있어 다를 뿐인데도 우리는 그 상황에서 틀렸다는 말을 자주 쓴다. 단순한 언어 관습 때문일 수도 있지만, 이 말에 관련된 인식에는 옳고 그름의 잣대로 상대를 부정하는 잘못된 습관이 있다. 다른 것과 틀린 것은 엄연히 다른데도, 다르다는 이유로 상대방을 무시하는 습성, 나와 같지 않으면 일단 삐딱한 시선으로 보려 하는 요상한 심리 같은 것이다. 그래서 인종, 민족, 혈통, 종교가 다르면 틀렸다고 보고, 나쁘다며 차별하곤 했다. 또한 성 소수자와 이념에 관한 문제도 만만치 않다.

우리나라의 인종차별 문제는 예로부터 무척 심했다. 역사서에 나타난 개화기 상황을 돌아보면, 처음 서양인을 보고 놀란 한국인들은 자신들과 모습이 다르다는 이유로 별명 같은 차별어를 쓰기 시작했다. 코가 오똑한 서양 사람을 부르는 말인 '코쟁이', '양코배기' 등이 쓰였는데, 이것은 배타적인 차별어라 할 수 있다. 사람에게는 자신과 다른 것을 경계하는 본능이 있다고 하지만 그렇다고 하여 배타해도 되는 것은 아니지 않은가. 인종이 다르면 피부색이나 이목구비가 다른 바가 있고 의상이나 언어도 다르다. 그러나 그들도 우리와 동일하게 기뻐하고 슬퍼하는 인간인데, 경계심 때문인지 이상하게 보며 조롱하거나 푸대접하는 인종차별어가 꽤 많았다. 여러 문인도 소설에서 미국 사람을 코쟁이, 양코배기라 부르곤 했다. 상대가 한국인과 매우 다른 사람이라는 뜻을 드러내기 위한 맥락에서 사용한 말이었는데, 비하하는 어감이 들어 있었다.

어디 서양 사람뿐이겠는가. 피부가 검은 아프리카 출

신 사람들은 '깜둥이'라고 불렀다. 서로 다른 피부색을 특징 삼아 지시하는 말은 백인, 흑인, 황인 또는 백색인, 흑색인, 황색인 또는 유색인, 유색인종 등이 있다. 유색인, 유색인종이란 말은 백인 중심적 사고를 담고 있다. 누군가는 백인과 비교하면 피부에 색이 있으니 유색인종이라고 표현했는데 뭐가 문제냐고 물을 수도 있다. 유색인종이란 말이 사용되는 문맥에는 다분히 차별이 내포되어 있어서 문제인 것이다. 미국에서 사용되기 시작한 이 말은 피부가 백색이 아니라 홍색, 황색, 흑색 등인 인종을 경멸적으로 지시한 것이다.

이렇게 색상으로 구별한 인종에 관한 명칭은 생물학적 용어가 아니다. 차별 인식이 내포되어 있는 만큼 색상만을 기준으로 사람을 구분하는 이러한 표현은 쓰지 않아야 한다. 그냥 사람이지, 굳이 백인, 흑인을 구분하여 지시할 필요는 없다. 지금은 고쳐졌지만 예전에는 연한 주황색을 '살색'이라고 불렀다. 이 표현은 황인종 중심의 표현이어서 흑인이나 백인에게는 해당하지 않았기 때문에 차별성이 있었다. 2001년 이 단어가 인종차별이라는 의견을 국가인권위원회가 받아들임에 따라 살색은 '연주황'으로 바뀌었다. 이후 연주황이란 단어를 알기 쉬운 살구색으로 고쳐달라는 의견이 제시되어 '살구색'으로 바뀌었다.

　　최근 텔레비전 프로그램에서 가까운 사람들이 '흑형'이라는 말을 자연스럽게 쓰며 웃어넘기는 것을 보았다. 이 단어도 지칭되는 본인이 그냥 웃는다 하더라도 쓰면 좋지 않은 말이다. 누군가는 '흑인'이 차별어가 아닌 데다 높여서 '형'이라고 부르는데 뭐가 문제냐고 반문할 수도 있다. 그 사람의 이름을 놔두고 왜 굳이 피부색을 들먹이는 인종 지시를 할까. 입장 바꾸어 누가 나를 보고 '황인'이라고 부른다면 정말 이상하지 않겠는가. 갑자기 왜? 인종을 구분하나? 이런 생각이 들고 결코 유쾌하지 않을 것이다.

　　인권 존중 의식이 아직 미약하던 시대에 비상식적으로 마구 쓰이던 인종차별어 오랑캐, 쪽발이, 검둥이, 코쟁이, 똥남아, 유색인, 코시안, 튀기, 양키, 혼혈아, 짱깨, 깜순이, 시커먼스 등은 인종, 민족, 혈통 등으로 사람을 차별하는 너무도 험한 말임을 알아야 한다. 또 외국인이 아니라는 의미인 '토종 한국인'이라는 표현도 쓰지 말아야 한다. '혼혈인'도 사람을 인격적 개체로 인식하지 않고 타 인종과의 사이에서 태어난 부산물처럼 보며 낙인을 찍는 어감이 다분히 내포된 말이다. 사람을 묘사하는 방식이 굳이 인종의 다름, 출생의 다름, 피부색의 다름 같은 일차원적 방식밖에 없을까 생각해볼 일이다.

물론 지금은 인종차별을 하면 안 된다는 의식이 보편화되면서 이런 표현도 사라지고 있다. 그러나 아직 노력해야 할 부분이 많다. 이제는 특정 국가를 막론한 세계 곳곳의 사람들이 지역의 경계를 떠나 어디서든 살 수 있다. 그런 사람이 많아지는데 자신과 인종이 다르다고 해서 얕잡아 보는 일이 있어서는 안 된다. 한국인이 미국의 어느 지역사회에서 차별받으면 우리는 분노한다. 마찬가지로 한국에 사는 외국인도 한국인이 자신을 차별하며 차별어를 쓰면 매우 기분 나쁠 것이다. 국제화 시대, 지구촌 시대의 기본 정신은 모든 인종이 어우러져 지구에서 공존해야 한다는 것인데, 국가적 차별이 일어나서는 안 된다.

"동남아 불체자", "나는 차도르가 싫어", "저기 히잡 쓴 학생" 같은 표현을 본 적이 있다. 그야말로 인권을 무시하는 차별적 표현이다. '불체자'는 불법체류자를 줄인 말로, 정식 절차를 밟지 않거나 기한을 어기면서 다른 나라에 머무는 사람을 뜻한다. 실제로 법적 절차를 어기며 외국에 거주하는 사람이 많고, 이 일은 범죄로 분류되는 것이 사실이다. 그러나 그들을 불체자라고 지시하면 안 된다. '불법'은 어떤 행위 앞에 사용할 수 있는 말이지, '체류자', '이

민자'처럼 사람을 지시하는 단어 앞에 사용해서는 안 되는 말이다.

얼마 전 코로나19 팬데믹 때문에 동남아의 한 나라가 출입국을 차단하여 우리나라에 유학 온 해당 국가 학생들이 조국으로 돌아가지 못하고 공식 기한을 넘기며 체류하게 되는 일이 속출했다. 그 때문에 유학생들이 재학 중이던 대학교가 비자 인증 제한 대학이 되기도 했다. 세상일에는 우리가 어찌할 수 없는 수많은 요인이 작용한다. 우리가 그처럼 불운한 상황을 맞은 이들을 조롱하듯이 불체자 운운할 일은 아닌 것이다. 굳이 그들을 지시해야 한다면 불법 대신 '미등록'이란 말을 쓰면 된다.

지시받는 상대방이 불쾌해할 것을 미처 생각하지 못하며 사용하는 단어도 있다. '조선족'과 '탈북자'가 그 예다. 조선족은 중국에 사는 한민족을 일컫는다. 중국에 사는 56가지 소수민족 중 하나로, 주로 조선 시대와 개화기에 많은 한국인이 만주로 이주하면서 형성되었다. 이들이 사는 자치주 이름은 '조선족자치주'이다. 이들 중 한국으로 다시 이주하여 살게 된 이들은 조선족으로 불리는 것을 꺼린다. 왜냐하면 초기에 조선족들이 한국으로 살러 왔을 때 형성된 이미지가 사회적으로 썩 좋지 않았기 때문인 듯하다. 인종으로는 한국 인종이고 예전에 이주할 때의 국가명은 조선이었으므로 조선 민족으로 불렸으나, 사실 이들의 국적은 중국이다.

따라서 이들은 국적은 중국이지만 인종은 같은 민족임을 뜻하는 '중국 동포'로 불리기를 원한다. 누구를 지칭할 때는 당사자가 원하는 이름으로 부르는 것이 가장 알맞은 방법이다. 지칭은 부르는 사람이 대상을 어떤 식으로 생각하느냐는 문제와 연결된다. 중국 동포들은 새롭게 뿌리내린 중국이라는 이름, 그리고 원래 뿌리인 한국인이라는 정체성을 함께 포함한 이름을 갖기를 원한다.

'탈북자'라는 단어도 당사자에게 기분 좋지 않은 표현이다. '탈북'의 개념은 북한을 탈출했다는 것인데, 여기에는 드러내고 싶지 않은 뜻이 포함되어 있다. 그들이 탈출을 시도할 때는 상상하기 어려운 과정이 많았을 것이다. 그 탈출을 직접적으로 표현하며 그들을 언급하는 것은 비정한 일일 수도 있다. 그래서 2005년 통일부에서 새롭게 마련한 표현이 '새터민'인데, 이 단어에도 묘하게 차별적 느낌이 있는 듯하다. 명명한다는 것은 어떤 부류에서 굳이 가려내어 드러내는 행위다. 굳이 드러내지 않아도 되는 경우에는 따로 이름을 부를 필요가 없다. 따라서 그들은 그저 한국인인 것이다. 물론 그들을 도우려는 정책을 진행할 때 대상을 분명히 지시해야 하니 이름이 필요했겠으나, 그래도 되도록 분리하여 편을 가르는 느낌을 주는 맥락을 만들지 않으면 좋겠다.

종교적 차별이 역시 자신과 다르다는 이유로 마구 낮추고 얕잡아 보려는 의식이 발동한 예다. 불교, 기독교, 이슬람교 가릴 것 없이 모든 종교가 차별어로 지시되며 핍박받고 있다. 땡중, 중놈, 먹사, 개독교, 개슬람 등이 일례다. 종교 관련 지시를 이처럼 난도질하듯 험하게 하고 있으니 엄청난 일이다.

사람이 신앙을 갖고 사는 것은 어찌 보면 숭고한 일이다. 왜냐하면 적어도 나의 능력만 믿으며 노력하면 된다는 자기 본위 사고에서 벗어나 나를 섭리하는 신에게 기도하며 사는 것이 신앙이기 때문이다. 그런 식으로 자신의 정체성을 규정하면 나 혼자 잘났다는 오만에서 벗어나 삶에 감사하는 마음가짐도 생긴다. 사실 여러 종교와 신앙이 원래 의미와 다르게 변질된 부분이 많아서 그처럼 종교적 개념을 차별하며 혐오하는 말을 사용하는 심리가 생겨났는지도 모른다. 그러나 종교의 변질은 인간의 한계와 문제이지 신앙의 본질적 문제는 아니다. 행여 지탄받을 만한 요소가 있더라도 연약한 인간끼리 그렇게 혐오하며 말할 일은 아니다.

성 소수자 역시 다르다는 이유로 차별받는 또 다른 집단이다. 영어로 성 소수자를 지시하는 단어 중 일부인 '호모'와 '게이'는 사회적으로 동성애를 금기시했던 역사 속에서 쓰여왔다. 이 단어 자체에는 비하하는 뜻이 없다. 그런데 "너 호모야?" 같은 문장은 차별 표현이다. 성 소수자를 지시하는 단어를 성 소수자를 차별하는 의도를 표현하는 데 썼기 때문이다. 또한 이 단어는 성 소수자가 아닌 사람에게 쓰는 문맥에서도 차별성을 지닌다. 성 소수자의 특징은 성적 정체성과 성적 지향의 문제이지, 인간 전체의 성격이나 행동 특성과는 연관이 없다. 즉, 성 소수자를 지시하는 단어를 인간적으로 결격이 있다는 뜻으로 사용하므로 차별어가 된다. 성 소수자를 직접적으로 멸시하는 말인 '똥꼬충', '젠신병자' 등 역시 차별어이다. 성 소수자가 여는 축제로 퀴어 축제가 있다. 퀴어에는 '기묘한'이라는 뜻이 있는데, 이들은 당당하게 축제 이름으로 표명했다. 그래서 차별어로 간주되지 않는다.

성 소수자 관련 사회제도를 수립하는 과정에서 다양한 사람이 각각의 의견을 제시하고, 생각이 극명하게 엇갈리기도 한다. 하지만 그 기저에는 인권을 중시하며 인류의 행복 추구를 지속하기 위한 공동체 인식이 있어야 한다. 성 소수자 관련 사안은 이처럼 깊이 고민하며 접근할 문제여서 어떤 영역보다 슬기로운 노력이 필요하다. 이런 상황에서 대수롭지 않게 표현하는 차별은 참으로 비정한 언행이다.

한국 사회의 또 다른 민감한 주제는 바로 이념 문제이다. 현재 우리 사회에서 뚜렷이 대별되는 두 부류의 이념은 이른바 보수와 진보다. 진보를 지지하는 사람들은 보수 세력을 '보수 꼴통'이라고 비난하고, 보수를 지지하는 사람들은 진보 세력을 '좌파 좀비', 줄여서 '좌좀'이라고 한다. 또 서로를 '좌파', '우파'로 부르기도 하고, 심지어 보수권은 진보권을 '빨갱이'라고 하는 등 전 국민이 양분되어 극과 극을 달린다. 서로 다른 의견에 관해 깊이 생각하며 오해를 풀고 이해하는 관계가 되어야 할 텐데, 그러기를 거부한다. 과거 한국 역사에서 이렇게 사람들이 양분되고 대립한 적은 없었다. 현대 정치 역사가 아직 짧아서 과도기적 현상이 나타난 것인지는 정확하지 않지만 그야말로 팽팽하기만 하다.

어딘가를 굳이 가보지 않아도 정보를 쉽게 얻을 수 있

는 세상에서 이렇듯 정보가 가로막혀 각자의 골짜기로 빠져드는 현상은 말도 안 되는 일이다. 과학이 얼마나 발전했는데 우리의 인식은 이리도 역행한단 말인가. 이러한 양극화는 어쩌면 정보화 사회가 시작되면서부터 예견된 일이었을지도 모른다. 다만 우리가 예측하지 못했을 뿐이다. 현재 우리는 정보 통신과 컴퓨터 기술을 발달시켜 정보화 사회를 구현했다. 또한 인공지능이라는 첨단 과학기술 덕분에 인간이 관여하지 않아도 컴퓨터가 알아서 일하는 환경도 가능해졌다. 그 결과 수많은 정보 중 우리가 접하는 것은 늘 자신의 컴퓨터나 스마트폰에 수동적으로 나타나는 정보로 제한된다. 굳이 다른 정보를 찾으며 따져보려고 하기에는 하루 24시간이 너무도 짧다. 과거에 필요한 정보를 능동적으로 찾으며 인식의 폭을 넓히던 지식 축적 양태와는 너무도 달라졌다. 당시에는 지식을 능동적으로 축적할 수 있는 사람만 정보인이 될 수 있었는데, 이제는 수동적인 사람도 누구나 정보인이 된다. 문제는 지식이 편향된 정보인이 된다는 점이다.

　　이런 현실에서 많은 사람이 정치인의 논리에 휘말리는 대중이 되고 말았다. 그리고 서로를 이해하려 하지 않으며 혐오하고 편 가르는 세상을 만들고 있다. 언어란 그 사회의 인식이 표현된 결과물이다. 우리 마음속의 것이 입으로 나오고 행동이 된다. 그러므로 마음 안에 올바른 생각을 담아야 한다. 그렇게 하지 않으면 서로를 험하게 비난하는 차별어는 계속 쓰일 수밖에 없을 것이다.

07 | 못산다고 차별하고

둘째 아이가 초등학생이던 때의 일이다. 어느 날 집에 온 아이의 기분이 안 좋아 보였다. 그래서 간식을 주며 무슨 일일까 살피고 있었는데 아이가 먼저 말을 꺼냈다.

"엄마, 왜 우리는 아이파크에서 안 살아?"

나는 그 질문이 너무 놀랍고 웃겨서 되물었다.

"응? 아이파크?"

"응."

"왜 갑자기 아이파크? 아이파크에 살고 싶어?"

"친구가 전학 왔는데 걔는 아이파크에서 산대. 20층에 사는데, 잠에서 깨면 창으로 하늘이 보여서 구름 위에 떠 있는 기분을 아냐고 막 그래."

나는 이 말을 들으며 적잖이 놀랐다. 당시 동네 아이파크가 완공되어 입주민들이 이사 오기 시작했는데 그곳 아이가 전학 온 모양이었다. 아이가 계속 물었다.

"엄마, 우리는 왜 트롬 세탁기 없어?"

나는 뭔가 잘못됐다는 느낌이 들기 시작했지만 슬슬 화가 나는 것을 꾹 눌렀다. 왜냐하면 아이의 두 눈에 눈물이 글썽이기 시작했기 때문이다. 그래서 이렇게 말했다.

"그 친구네 세탁기는 트롬이래? 그래서 부러운 거야?"

"응."

"아, 효빈이는 그 친구가 아이파크 살고 트롬 세탁기가 있는 게 부럽구나."

나는 아이의 두 손을 잡고 간단히 설명해야 했다.

"효빈아. 아이파크는 재개발되어 새로 생긴 아파트인데, 우리가 살던 집을 놔두고 어떻게 거기로 이사 가겠어. 그리고 우리 집 세탁기는 엄마 아빠가 결혼할 때 산 건데, 그때는 트롬 세탁기가 없었어. 그 아이 엄마는 젊은가 보다. 그 아이에게 형이 없다면 아마 엄마보다 6년은 더 늦게 결혼했을 거야. 그러니까 트롬 세탁기를 샀겠지."

구구절절한 이야기를 하며 나는 '참, 이 일을 어쩌나, 잘사는 것과 못사는 것의 차이를 무시하게 할 뾰족한 대책이 없다'라고 느꼈다. 아이의 불만은 꽤나 오래갔다. 우리는 못사는 게 아니라 잘사는 편에 속한다고 틈날 때마다 이야기해도 아이 생각에 엄마 아빠는 이미 잘살지 못하는 부류에 들어가 있었다.

최근에는 '임대거지', '빌거지'라는 웃지 못할 차별어가 생겨나서 쓰이고 있다. 이런 단어가 쓰이다니 참으로 기가 막힌다. 부동산에 따른 신계급사회가 형성되는 조짐이 나타났다. '임대거지'는 어른들이 이러쿵저러쿵 임대 아파트를 비난하며 분양동과 임대동의 출입구를 따로 만든다는 둥 하는 것을 보고 들은 어린이들이 임대 아파트에 사는 아이를 부르는 말이다. 그래서 임대 아파트에 사는 아이가 "엄마, 임대 살면 거지야?"라고 묻는다는 가슴 아픈 사연이 전해진다. '빌거지'도 마찬가지다. 예전엔 빌라가 고급 주택이어서 많은 사람이 아파트보다 더 살고 싶어 했는데 어찌 된 일인가 싶다.

어차피 세상에서 누구나 똑같이 잘살지는 못한다. 똑같이 잘살자는 이상으로 시작된 공산주의는 사실 인간을 너무 이상적으로 생각했던 착오를 내포한 사상이다. 나는 대학 시절 국어운동학생회라는 대학 연합 동아리에 가입했다. 국어 관련 활동을 하겠거니 생각하고 모임에 갔더니 마르크스와 레닌 사상을 공부하고 있었다. 2학년 때 한동안 공부에 참여하며 토의를 했는데, 나는 이론에 빠져 열광하는 대학생들에게 그 이론과 사상은 철인 한 사람이 존재하고 영원히 이끌어가지 않으면 이룩될 수 없다고 항변한 적이 있다. 그렇지 않은가. 부를 동일하게 분배한다는 것은 그것을 관리하는 사람의 몫인데, 그가 연약하고 한계가 있다면 어찌 제대로 이루어지겠는가. 그런데 과연 사람들 중 그 어마무시한 일을 감히 제대로 감당할 누군가가 있을까. 어쨌든 공산주의는 실패한 사상이 되고 말았다. 공산주의 사회에서도 지배자는 잘살고 피지배자는 못살았다. 그리고 못사는 쪽 일부에서만 부가 평등하게 분배되고 있었으니, 이상적으로 봤던 공산주의의 성공적 달성과는 거리가 먼 일 아닌가.

현재 많은 국가가 빈부 격차를 줄이고자 여러 복지 정책을 펴고 있다. 하지만 제도적으로만 접근하면 자기 이익을 챙기려고 취지에 맞지 않게 제도를 악용하는 사례가 생기니, 복지 정책을 잘 실현하여 복지국가를 만드는 일은 참으로 요원한 것 같아서 안타깝기만 하다.

못사는 것은 누구의 잘못이라고 따지며 책임 소재를 물을 주제가 아니다. 설령 한 개인의 삶의 궤적을 살피며 시간별 삶의 형태를 따질 수 있다 하더라도 그 연유는 분석하기 어렵다. 경제란 운과 노력이 따르는 많은 것이 결합한 결과다. 어쨌거나 우리 인간에게 경제 문제는 너무도 중요하므로 함부로 쉽게 얘기할 그 무엇이 아니다. 그런데 경제적 여건이 최악인 사람에게 '신용 불량자' 또는 줄여서 '신불자'라는 듣기 불편한 이름을 붙이고, 허름하고 작은 집들이 모인 곳을 '달동네', '쪽방촌'이라고 표현한다. 대상을 지시할 필요가 있어서 그렇게 말했을 뿐 조롱하거나 비난하는 뜻은 없다고 방어한다면, 왜 굳이 그렇게 부르느냐고 되물어야 할 것이다.

　　'신용 불량자'는 돈이 없어 제때 갚지 못한 상태, 즉 채무 관계 불이행에 관한 문제인데 인간 전체를 평가하는 단어 '불량'으로 표현하니, 지시 대상을 비난하려는 의도가 다분히 내포되었다고 할 수 있다. 불량하다는 것은 행실이나 성품이 나쁘다는 뜻이다. 돈을 제때 못 갚은 것을 두고 그렇게 평가할 일은 아닌 것이다. 성품이 좋은 사람도 돈이 없으면 빚을 못 갚는다. 그것을 두고 행실이 나쁘다고 비난할 일은 아니다. 더욱이 '불량자'라는 말은 채무 관계

불이행을 두고 한 인간 전체를 낙인찍은 것이니 정말 잘못된 표현이다.

'불우 이웃'도 마찬가지다. '불우(不遇)'의 원래 뜻은 때를 못 만났다는 것이다. 재능과 포부가 있는데 때를 못 만나 출세하지 못했다는 뜻이다. 그러므로 경제적으로 어려운 처지에 있는 사람을 지시하는 말로 적절하지 않다. 서울시는 이 말을 '어려운 이웃'으로 고쳐 부르자고 제안했다. 이 표현은 자칫 대하기 어렵다는 뜻으로 이해될 소지가 있는데, 경제 사정이 어려운 이웃을 줄인 것이다. 그러니 불우 이웃 돕기 성금 모금이란 표현은 어려운 이웃 돕기 성금 모금으로 고쳐야 한다.

'하층민'이란 말도 역사 속에서 꽤나 많이 쓰였는데 우리 사회에서 점차 사라지고 있다. 인터넷에서 검색해보니 역사적 이야기와 관련된 영화나 드라마 줄거리에 등장하는 정도다. 상층민은 누구이며 하층민은 누구인가를 따지려 한다면 무슨 기준을 어떻게 설정해야 할까. 아무도 판단할 수 없다는 점이 바로 이런 단어를 쓰지 말아야 할 이유 아닐까.

또한 주거가 일정하지 않고 한데서 자는 생활인을 '노숙인'이라 지시하고, 이들을 위한 정책을 만들 때 이 단어를 쓴다. '노(露)'는 이슬이란 뜻이다. 지붕이 없으면 이슬을 맞으니 지붕이나 담이 없는 한데라는 뜻으로 쓰인다. 노숙(露宿)이란 단어 자체에는 비하하는 뜻이 없지만, 지시하는 뜻이 불행한 사정을 그대로 드러내므로 표현을 삼가는 것이 좋겠다. 그래서 2010년 보건복지부는 부랑인, 노숙인을 홈리스(homeless)로 부르자고 제안했다. 직접적인 뜻이 전달되지 않는다는 점에서 이 영어 단어가 완곡하게 들릴지는 모르지만 역시 집이 없다는 의미다. 집이 없어 바깥 공간을 다니며 한데서 자는 사람들이 있는 한 이들을 지시하는 단어가 필요하기는 하다. 어떤 단어를 쓰더라도 딱한 처지를 드러낼 수밖에 없으니 암울하기만 하다. 그런 사정이 있으니 우리는 이 단어를 필요할 때 쓰되 조롱하거나 비난하는 문맥으로 쓰지는 말아야 할 것이다.

'노'라는 글자는 '노점상'에도 쓰인다. 길가의 한데에 물건을 벌여놓고 장사하는 것을 말하고, 그렇게 장사하는 사람도 지시한다. 이 장사는 관청의 허가를 받지 않고 공용 공간에서 이루어지므로 단속의 대상이 된다. 그래서 이 단어에는 단속 대상이라는 차별 어감이 있다. 서울시에서 제안한 순화어는 '거리 가게'이다. 이 단어는 노점상에 포함된 비하적인 뜻이 없으니 앞으로 이 단어를 쓰는 것이 좋겠다. 장사하는 사람을 굳이 노점상이라 부르지 말고, 지시할 필요가 있다면 그냥 상인이라고 하면 된다.

노점상과 비슷한 말로 '잡상인'이 있다. 제 터를 잡지 못해 이동하며 물건을 파는 이를 '잡상인'이라고 낮추어 부른다. '잡'이라는 말에도 비하하는 뜻이 있다. '잡-'은 여러 가지가 뒤섞인 것, 또는 막되었다는 뜻을 지닌 접두사이다. 이 말이 붙어 '잡것', '잡놈' 등이 형성되는데, 이 단어들도 역시 차별어이다. '잡'을 상인에게 붙이니 상인을 비하하는 뜻이 덧붙는다. 이동하며 파는 일, 또는 이런저런 물건들을 파는 일은 결코 비하할 일이 아니다.

또한 요즘은 '흙수저'와 '금수저'란 단어가 자주 쓰이는데, 부모의 경제 사정이 달라 운명이 갈리는 현실을 드러내는 말이다. 우리 사회에는 부모의 재력과 권력 덕분에 자식이 사회적 혜택을 받는 경우가 있다. 이 엄연한 상황을 표현하지 않을 수 없으니 금수저와 흙수저란 단어가 사용된다. 예를 들어 "씁쓸한 방정식, 학종=금수저 전형", "흙수저에겐 수능도 넘사벽" 같은 말은 현실을 드러내고 문제를 제기하는 문맥에서 사용되었다. 언어는 현실을 반영하고 표현하는 것이 당연하니 금수저, 흙수저 같은 단어가 생겨나 쓰이게 된 것이다.

문제는 누군가를 조롱하거나 차별하는 맥락에서 이 말을 사용하면 안 된다는 점이다. '흙수저'를 칭찬의 맥락에서 쓴다 하더라도, 경제적 궁핍에서 벗어나지 못한 사람을 존중하지 않고 부르는 말이라고 할 수 있다. 성장해서 출세한 사람을 이야기할 때 흙수저가 그렇게 되었다고 치켜세우는 맥락의 이면에서 그 부모의 심정은 어떨지를 생각해본다. 부모는 자식의 고난을 잘 알 테니 참으로 미안해서 맘껏 기뻐할 수도 없지 않을까.

이런 논리는 금수저에도 해당될 수 있다. 부모의 재력과 권력이 막강한 환경에 태어난 사람이 자신의 노력으로 성취를 이루는 경우도 많은데, 이런 사정을 고려하지 않고 금수저 운운한다면 이 또한 문맥이 바람직하지 않다.

인간의 삶에서 재력과 권력은 참으로 중요한 요소이다. 따라서 이와 관련된 금수저, 흙수저 등의 표현이 쓰이고 있지만, 그렇게 불리는 상대의 느낌을 고려하면 좋겠다. 아니, 인간의 재력과 권력을 기준으로 단정하는 뜻을 표현하지 않아도 되는 사회를 이루면 좋겠다.

"애초에 내 것은 없었어, 모두가 돌려줘야 할 것일 뿐." 치과 의사 문은수 원장의 책《누구나 기댈 수 있는 한 그루 나무라면》에 나오는 구절이다. 문은수 원장은 가난한 어린 시절을 성실히 보내며 열심히 노력하여 결국 경제적 부를 일구었고, 지금도 일을 손에서 놓지 않고 어려운 이웃을 돕는 봉사와 젊은이들의 꿈을 돕는 장학 사업에 전력을 다하고 있다. 경제적 부라는 것은 그런 것 같다. 없으면 벌어야 하지만, 다행히 여유가 있다면 자신이 쓰고 남은 것은 잉여분이라 생각하고 없는 사람에게 줘야 하는 것. 쓰고 남지 않더라도 돈을 쪼개가며 이웃을 돕는 사람이 있는데, 하물며 평생 써도 돈이 남는 수많은 사람이 할 일은 번 돈을 사회에 돌려주고 못 가진 사람에게 주는 것이다. 내 주변에서 삶에 허덕이는 사람, 한 달에 최소한의 얼마라도 고정적으로 받으면 훨씬 행복해질 누군가를 찾아 그 한 사람이라도 돕는다면 세상이 조금은 밝아지지 않을까.

'영세민'이란 말도 수입이 몹시 적어 살기 어려운 사람을 지시하는 데 쓰였는데 요즘은 많이 사라졌다. 대신 '생활보호 대상자'라는 단어가 쓰이다가 요즘은 '기초 생활수급자'가 쓰인다. 사회에는 수입이 적은 사람이 늘 있기 마련이므로 이들을 생각하는 마음을 더 넓혀야 한다. 그런 마음에서 고친 단어를 써야지, 또다시 차별하는 맥락에서 사용해서는 안 될 것이다.

요즘 복지 정책을 펴는 지방자치단체는 '문화 소외 계

층 아동'이란 단어를 쓴다. 이 단어를 가만히 생각해보면 객관성이 매우 결여되어 있음을 알 수 있다. 물론 문화라는 단어는 의미가 매우 광범위하다. 해당 정책에서 지시하는 문화는 문화 체험 프로그램 등을 뜻할 것이다. 그러나 문화 소외라는 말은 엄청난 위기를 내포한 말이다. 이 세상에서 살아가는 행위 모두가 사실 문화이다. 아무리 어려운 환경에서 자라는 아이라 하더라도 함께 살아가는 사람들과의 관계가 있고, 매체를 통해 보는 영상과 소리가 있고, 학교생활하며 경험하는 다양한 문화가 있다. 물론 그들을 도우려는 해당 복지 정책의 좋은 뜻을 부인하는 것은 아니다. 하지만 프로그램에 참여하는 아동이 '문화 소외' 그리고 '계층'이라는 단어에서 느낄 의미를 세심히 생각할 필요가 있다.

사람에 대해서뿐만 아니라 국가에 대해서도 마찬가지다. '후진국'이란 단어 대신 사용하는 '개발도상국'은 현재의 좋지 않은 상황이 아니라 미래의 가능성에 초점을 둔 말이다. 여기에는 국가 간에도 서로 도우며 인류의 행복을 바라는 염원이 있을 것이다. 특히 지난 몇 년간 전 세계가 겪은 코로나19 감염병 사태는 인류 전체의 행복은 특정 부류만의 행복으로는 결코 달성되지 않으니 잘사는 나라가 못사는 나라를 더 많이 돕자는 교훈을 준다. 지구 상 어느 한 나라의 경제가 어려워 그곳 국민의 생계와 위생, 건강이 악화하면 그 결과가 세계에 미칠 수 있음을 우리는 잊지 않아야 한다.

못한다고 차별하고

나의 경험을 돌이켜보면 얼른 그렇다고 인정할 만한 사실이 하나 있다. 인간은 절대 만능이 될 수 없다는 것이다. 어느 누구도 수많은 분야의 일 모두에 유능할 수 없다. 우리는 그중 몇 가지를 잘하고, 그 덕분에 일하며 돈을 번다. 이렇듯 모든 일을 잘할 수는 없는 것이 인간이다. 그런데 어찌 무엇을 잘한다, 못한다 하며 한 가지 잣대로 사람의 능력을 일반화하고 단정적으로 결론 내릴 수 있겠는가. 누가 무슨 일을 잘한다고 해서 다른 모든 것도 잘할 수 있는 것은 아니다. 누가 무언가를 못한다고 해서 잘할 수 있는 다른 일이 없는 것도 아니다.

학교생활에서 공부를 못하는 것은 배운 내용을 암기하지 않아 기억하지 못하거나, 배울 때 제대로 듣지 않아 이해하지 못했다는 뜻인데, 이를 두고 '열등생'이란 말을 쓰곤 한다. 열등하다는 것은 남보다 못하다는 뜻인데, 맥락을 표현하지 않고 열등생이라고 하면 모든 분야에 능력 없는 사람이라고 낙인찍는 꼴이 된다. 물론 학교에서 사용하는 단어이니 학교 공부에 뒤떨어지는 학생이라는 맥락이 있긴 하다. 그러나 만약 초·중·고교 시절에 공부를 안 해서 우열반 중 열반으로 배정되거나 열등생이라는 말을 들은 학생은 학교 공부의 범위 안에서 못한 것임에도 모든 능력이 뒤떨어진다는 과도한 일반화를 겪어야 한다. 그 결과 학교 공부 외에 잘할 수 있는 분야가 있는데도 열등생 딱지가 붙어 움츠러들기 쉽다.

학교 시험에서 하한선으로 정한 기준 점수를 넘지 못하면 '낙제생'이라고 한다. 우리는 인생의 낙제생, 취업의 낙제생 등 꽤나 여러 곳에 이 단어를 쓴다. '낙(落)'은 떨어지거나 빠지거나 죽는 것을 뜻한다. 시험 점수가 높지 않으면 그냥 그 점수에 관해 말하면 되지 낙제생이란 다른 이름을 붙일 일은 아니다.

사람은 세상에서 무엇인가를 차지하며 살아야 한다. 그러므로 많은 사람이 사는 세상은 경쟁에서 자유롭지 못하다. 경쟁에서 이기느냐 지느냐가 인생의 성패를 좌우한다는 강박관념에 사로잡힌 사람도 많다. 우리 사회가 그렇게 된 원인 중 하나는 경쟁만이 전부라며 좁게 인식하고, 능력이 있으면 모든 것을 우월한 것으로 간주하고 그렇지 못하면 모든 것을 낮춰버리는 편견 때문이다. 자녀를 교육할 때 한국 부모는 경쟁에서 이기라고 말하고, 일본 부모는 남에게 피해를 주지 말라고 하고, 미국 부모는 남을 도와주라고 말한다는 얘기가 회자되곤 한다. 국민성의 단면을 보는 것 같아 씁쓸하다. 혹자는 한국 부모가 자녀를 교육하여 우수한 인재로 만들려는 교육열이 오늘의 대한민국을 만든 원동력이라고 칭송한다. 과연 그중 몇 명이 우수한 인재에 해당하는지, 교육열 때문에 멍든 청춘은 없는지, 한국이 선진국 대열에 끼는 성과를 거두는 동안 과연 한국인의 행복 지수가 그만큼 올라갔는지 생각해봐야 한다.

"루저남 만날 바에 혼자 산다"라는 문장을 본 적이 있다. 루저남이란 어떤 사람을 지시할까. '루저남 근육 키우기 게임' 등을 보면 외모가 기대치에 도달하지 못한 사람을 지시한다. 〈수영장으로 간 남자들〉이란 영화 소개 글에 나오는 "하지만 정작 그가 가서 만난 그 수중발레단은 '오합지졸'이란 말로도 설명이 모자란 '루저남'들의 모임이었다"란 문구를 보면 알코올의존증 등으로 인해 정상 생활이 어려운 사람을 지시하기도 하나 보다. 이 문장에 쓰인 '오합지졸'도 사람을 무시하는 말이다. 오합지졸(烏合之卒)은 까마귀가 모인 것처럼 질서 없이 모인 병졸이라는 뜻으로, 임시로 모여서 규율이 없고 무질서한 병졸 또는 군중을 비유한다. 그런데 어떤 기준으로 규율이 없고 무질서하다고 판단하며 이렇듯 무시하는가. 전쟁 중에 군사가 사기를 잃는 상황에서는 너무도 당연히 발생할 일 같은데, 단체가 절도 있게 행동하지 못하면 오합지졸로 비난받아야 하는가. 곰곰 생각해보면 한 사람도 아닌 여러 사람을 싸잡아 뭉개는 표현이다. 병졸은 군대에 속해서 죽음을 무릅써야 하는 운명에 놓인 사람인데 그렇게 비하하는 뜻으로 사용하는 것은 비정한 일이다.

　한편 한 가정의 남편이 돈을 못 벌면 무능하다며 비난하고 '무능력자'라고 일컫기도 한다. 먹고 살아야 하니 돈을 버는 것은 가장의 의무인데 그렇게 하지 못하는 남편의 마음은 오죽할까. 게다가 아내나 남들로부터 무능력자라고 평가되면 얼마나 슬플까. 무능력자는 능력이 하나도 없다는 뜻이니, 이 말을 들은 사람은 참 억울할 것이다. 굳이 어떤 능력이 없음을 표현할 때는 이 말을 대신하여 '제한 능력자'를 쓰자는 주장도 제기되었다. 무능력자는 능력이 전혀 없다는 전면 부정임에 비해 '제한 능력자'는 어떤 영역에서는 능력이 부족하다는 부분 부정이다. 그러나 이 말도 관련 표현이 꼭 필요한 경우에 쓸 일이지 일상어로 사용하기에는 적절하지 않다.

'찌질이', '바보', '멍청이', '덜떨어졌다' 등 뭔가를 잘 모르고 빠릿빠릿하지 못한 사람을 조롱하는 말도 자주 쓰인다. 뭔가를 모르거나 빠릿빠릿하지 못하다고 여기는 생각 자체가 잣대로 긋지 말아야 할 선입견에 사로잡혀 마음을 닫는 행위임을 알면 좋겠다. 타인에 대한 우월감 속에서 이렇게 말하는 사람도 살다 보면 무언가를 잘 못할 때가 있는데, 그때 이런 말로 매도당하면 좋을지 생각해볼 일이다.

세상을 살아가려면 돈을 잘 벌면 좋겠고, 키도 작은 것보다는 크면 좋겠고, 몸매도 멋지면 좋겠지만 그런 기대치가 있다고 해서 기대에 못 미치는 사람이나 상황을 굳이 비난하며 무시하지는 말아야 한다. 성경에 따르면 사람들이 간음 현장에서 체포한 여인을 예수 앞에 데려와서는 모세의 율법대로 돌로 쳐야 한다고 말하자, 예수는 죄 없는 자가 먼저 돌로 치라고 대답했다. 그러자 아무도 돌로 치지 못하고 하나둘씩 자리를 떴다. 다른 누군가를 '열등하다', '낙제생이다', '무능하다', '바보다'라고 평가하고 무시할 권한이 우리에게는 없다. 설령 지시 대상이 그처럼 평가받을 만한 상태라고 해도 우리에게는 그럴 권한이 없으며, 세상에 그렇게 평가받을 만한 사람은 없음을 알아야 한다. 능력을 두고 이렇다 저렇다 평가하는 것은 쓸모없는 잣대와 주관에 치우친 비논리적 행위이기 때문이다.

나는 운 좋게 공부를 많이 하고 전문 능력을 지닌 덕분에 일하며 현재를 살고 있다. 만약 공부를 많이 할 수 없는 환경에서 태어났다면 지금과 전혀 다른 나로 살았을 것이다. 그렇게 생각하면 내가 이렇게 살고 있음에 감사하는 한편으로 그렇지 못한 사람에게 미안한 마음이 든다. 한편으로는 이런 생각조차 교만이고 우월감이라고 반성한다. 뭐가 좋고 뭐가 나쁘다는 잣대 자체를 들이대지 말아야 하는 것이 우리 인생 아닐까. 각자의 삶은 겉으로 드러난 그 무엇이 아니라 내면적인 것이고, 오랜 역사를 거쳐 숭고한 그 무엇이기 때문이다.

09 | 맘에 안 든다고
차별하고

자기 맘에 안 든다고 차별어를 사용하는 경우도 모든 사회 영역에서 볼 수 있다. 맘에 안 든다고 탓하는 짓은 아직 철이 없는 어린 시절 하는 행동인 듯하지만, 의외로 청소년이나 성인도 이런 심리가 발동하는가 보다. 하긴 인간의 심리적 본능이 철이 들었다고 해서 사라지지는 않기 때문에 그런 것 같다.

요즘은 '라떼'라는 말이 많이 쓰인다. 가수 영탁의 〈꼰대 라떼〉라는 제목의 가요에는 "왕년에, 니까짓 게 뭘 알아, 아침부터 시작되는, 제발 그만해, 오늘도 반복되는"이라는 가사가 나온다. 나이 많은 사람이 나이 적은 사람에게 훈시하고, 그 말을 듣는 사람은 늘 듣던 이야기가 반복되는 데 짜증이 난다. 그런 상황을 몇 마디로 묘사한 이 가사는 훈계하는 사람이 즐겨 하는 말을 잘 표현했고, 훈계받는 사람의 마음도 잘 드러냈다.

예전에는 중·고등학생들이 선생님을 '꼰대'라고 했는데, 이제는 '라떼'라고 한다. "나 때는 말야"의 '나 때'를 커피 전문점의 메뉴 '라떼'로 바꾼 것이다. 언어 유희를 통해 원래 형태를 드러내지 않고 은어적 어감을 지니고 있다. 교사 입장에서는 자라는 청소년들에게 할 말이 많아서 자연히 말이 많아질 수밖에 없다. 다른 어른 입장에서도 그렇다. 그렇지만 그 말을 듣는 사람은 자꾸 뭔가를 고치라는 요구가 듣기 싫고 지겹다. 마음에 들 리 없다. 그런 심정에서 나온 별칭이 꼰대, 라떼, 꼰대 라떼이다. 대놓고 부르는 것이 아니라 제삼자로 지시할 때 쓰는 말이긴 하지만, 그래도 인생 선배를 놀리듯 지시하는 것은 일종의 차별임을 생각해보면 좋겠다. 물론 자신의 옛날 경험이 본받을 만한 일인 것처럼 되풀이 말하는 어른도 고칠 점이 있다. '왕년에'로 시작하는 말은 하지 말아야 하고, 같은 말을 자꾸 되풀이하는 것도 자제해야 한다.

'꼰대'라는 말 대신 '생선'이라는 말도 쓰인다. 중·고등학생들이 선생님의 음절을 도치하여 부르는 말이다. 상대방을 제대로 부르지 않고 꼬아 부른다는 점에서 평등하게 부르는 말이 아니고 차별어라 할 수 있다.

젊은이 입장에서 나이 든 사람에게 못마땅한 점이 있듯이, 어른 입장에서 젊은이를 볼 때도 그러하다. '요즘 아이들' 같은 표현이 일례다. "요즘 아이들, 왜 그래?", "요즘 아이들, 다 그렇지 뭐", "요즘 애들 문화는 도저히 이해가 안 돼요"처럼 쓰인다. 이런 표현에는 마음에 들지 않는 젊은 세대를 비난하는 뜻이 가득하다. 누구를 비난하는 말이 모두 차별어가 되는 것은 아니다. 세상을 살다 보면 비난할 일도 있고 칭찬할 일도 있다. 그런데 '요즘 아이들'이라는 말 자체가 이미 과도한 일반화여서 차별적 맥락을 형성할 위험이 높다.

이러한 표현의 맥락이 현대에 와서 바뀌기도 했다. "요즘 아이들 마음고생의 비밀", "남다른 요즘 아이들의 똑똑한 놀이터" 같은 표현은 아이들 입장에서 생각하고 칭찬하는 맥락을 형성하므로 차별 표현으로 간주되지 않는다.

요즘은 '맘충'이라는 말도 많이 쓰인다. 엄마를 뜻하는 영어 '맘(mom)'과 벌레를 뜻하는 '충'이 결합한 말이다. 원래

한 텔레비전 예능 프로그램에서 엄마들이 자기 자녀 이름을 불러달라며 출연자에게 극성을 부린 일로부터 시작된 인터넷 신조어인데 이제는 여성 혐오 표현으로 쓰인다. 딱히 비난받을 일이 있어서가 아니라 그저 자기 마음에 들지 않으면 이 단어를 쓰는 경우가 많다. 아이 키우는 여성이 조금이라도 마음에 들지 않으면 가차 없이 맘충이라고 부르며 몰아세우고 낙인찍는다. 그래서 어떤 이는 "젊어선 된장녀 안 되려고 기를 썼는데, 결혼해서도 맘충 안 되려고 기를 써야 하나"라며 탄식하기도 했다. 원래는 무개념 엄마만 가리키던 말이 이제는 아이 엄마를 멸시하는 멸칭으로 쓰인다는 것이 문제다. 자식을 중시해도 맘충이 되고, 소홀히 하거나 방치해도 맘충이 된다.

지금까지의 경험을 돌이켜보면 이 세상에서 아이 키우는 일이 제일 힘든 것 같다. 나는 엄마가 아이를 '키운다'라는 말을 정당하게 쓸 수 있는 시기는 먹을 것 챙기며 먹여줘야 하고 옷 입는 것도 챙겨주고 여러 일을 도와줘야 하는 단계까지만이라고 생각한다. 자식이 결혼할 때 인사말로 "자식을 훌륭하게 잘 키우셨네요"라는 말을 주고받는 것은 적절하지 않다고 느꼈다. 자신이 품 안에서 오롯이 자식을 키웠다고 생각하면 안 되는 것 같았기 때문이다. 부모라면 '내가 키웠을까, 자기가 자라난 거지'라고 생각하는 것이 좋지 않을까.

　그런 만큼 나는 엄마들이 자기 자식만 잘되게 하려고 기를 쓰고, 아이가 성장해도 독립시키지 못하는 모습을 보며 '저러면 안 되지'라고 생각하곤 했다. 그럼에도 불구하고 엄마들에게 '맘충'이라는 말을 쓰면 안 된다. 혹여 그 엄마가 자기 자식만을 위해 좋지 않은 판단과 행위를 한다고 해도. 왜냐하면 그 사람이 잘한 일은 없지만, 그렇다고 해서 자신에게 상대를 멸시할 권리가 있는 것은 아니기 때문이다. 자식 키우는 일은 정말 어려우면서도 신성하다. 그만큼 엄마의 고충이 심하겠거니 이해하며 돕지는 못할망정 비난하지는 말아야 한다.

　벌레를 뜻하는 한자 '충'이 너무 자극적이니 '민폐맘', '진상맘'으로 부르자는 의견이 제시되기도 했다. '충'은 '한남충'에도 쓰이는데, 이 말은 한국 남자를 줄인 말에 충을 붙인 것이다. 왜 벌레라며 멸시하는 말로 한국 남자를 비난하는가. 그동안 한국 사회에서 여성에 대한 비하 인식과 차별이 쌓이고 쌓인 결과라고 볼 수도 있다. 여성을 멸시한 역사가 오래 진행되면서 남성으로도 이러한 멸시가 전파된 것이다.

또한 '충'은 '식충이', '수시충'에도 붙는다. 밥을 많이 먹는 사람을 비난하는 뜻으로 식충이라 하고, 대학에 들어갈 때 수시 입학에 합격한 사람을 수시충이라 한다. 대학 입시에는 정시 전형과 수시 전형이 있는데, 수시 전형으로 먼저 합격한 사람을 두고 쉽게 붙었다고 비난하는 뜻을 포함하여 부르는 말이다. 마냥 손쉽게 대학에 합격하지는 않았을 테고, 혹여 그렇다 하더라도 비난할 일은 아니다. 언제나 어렵기만 한 대학 입시와 질투 때문에 그렇게 불렀을 텐데, 이와 관련하여 '정시충'이라는 말도 생겨났다. "수시충, 정시충이 서로 욕하는 이유", "수시충, 정말 없어져야 할까" 같은 글 제목도 볼 수 있었다. 이에 더하여 '편입충'이란 말도 생겨났다. 또 기회 균등 전형으로 입학한 사람을 비하하는 '기균충/기균충', 지역 인재 전형 방식으로 입학한 사람을 비하하는 '지균충/지균충'도 쓰이니, 그야말로 대학 입학 제도가 차별의 전당이 된 듯하다.

'맘충'이 여성에 대한 혐오라면 '개저씨'는 남성에 대한 혐오다. 누군가는 여성과 남성 모두를 멸시하니 성차별이 아니라고 주장할 수도 있겠지만, 어쨌든 한 대상을 차별적으로 부른다는 사실만으로도 차별어라 할 수 있다.

'개-'라는 접두사는 개꿀, 개떡, 개꿈처럼 야생 상태를 가리키거나 쓸데없다는 뜻을 더하는 데 쓰인다. 그리고 '개수작'은 '수작'보다 정도가 심하고, '개망나니'는 '망나니'보다 정도가 심하다는 뜻을 보탠 말이다. 어쨌든 '개-'는 좋지 않은 것을 뜻하며, 예로부터 "개만도 못한 놈", "개같은 놈", "개똥도 약에 쓰려면 없다", "개같이 벌어서 정승같이 쓴다"라는 관용구가 널리 쓰였다. 개는 인간보다 못하다는 데 비유되어 많이 쓰였지만, 많은 사람이 개를 가족처럼 생각하는 요즘도 '개-'를 그렇게 사용하는 것은 적절하지 않다.

무개념 아저씨를 뜻하는 '개저씨'는 주로 인터넷에서 쓰인다. 우리 사회에서 비판받을 짓을 한 사람을 그렇게 부르는 것은 어쩔 수 없는 일이라고 생각할 수도 있다. 그러나 앞에서 말했듯이 '맘충'을 마음대로 부를 권리가 우리에게는 없다는 것과 같은 논리로 '개저씨' 역시 써서는 안 된다. 만일 누군가가 지탄받을 행위를 했다면 그 행위에 대해 언급하며 비판하는 것이 옳다.

자기 맘에 안 든다고 상대를 차별하는 말 중 하나로 '삼식이'가 있다. 외출하지 않고 하루 세끼를 집에서 먹는다는 뜻인데, 이 말을 사용하는 맥락이 언제나 동일하지는 않다. 상황을 유머러스하게 표현할 때는 "나 삼식이야" 또는 "우리 집 삼식이 양반"이라고 말할 수도 있고, 미운 감정이 결합하여 "삼식이 밥 해대느라 등골 빠진다"라는 식으로 말할 수도 있다. 좋은 의미든 안 좋은 의미든 세끼 밥을 주거 공간에서 지어 먹는다는 것이 수월한 일은 아니어서 이런 말이 생긴 것 같다.

사실 한국인의 밥상은 자질구레하게 많은 손이 간다. 언제든 냉장고에서 고기 꺼내어 굽고 야채와 빵 정도로 차릴 수 있는 서양식은 한 접시에 모두 담을 수 있을 정도로 간편한 경우가 많다. 반면 한식은 밥과 반찬 외에 국이나 찌개까지 여러 종류를 먹어야 하고, 김치며 마른반찬을 늘 갖추고 있지 않으면 밥상을 제대로 차리기 힘들다. 아이들이 성장하여 집을 떠나고 내외만 살게 되면 둘이서 먹기 위해 그 복잡한 과정을 거쳐 밥상 차리기가 번거롭다. 둘만 먹도록 조금 만드는 것도 그리 쉽지 않고, 남으면 보관하며 먹다가 버려야 하는데 음식물 쓰레기 처리도 쉽지 않다.

남편이 직장 다닐 때는 집에서 자주 식사하지 않았는데, 정년 퇴임하거나 실직하여 갈 곳이 없으면 하루 세끼를 집에서 먹을 수밖에 없다. 사실 매 끼니를 준비하는 입장에서는 무척 번거로우니 '삼식이'라는 불평이 나올 법도

하다. 반면 그 말을 듣는 당사자는 자괴감이 들 것이다.

어쨌든 삼식이란 말을 입에 올리는 사람도 나름의 이유가 있으니, 가정에서는 힘을 모아 음식을 준비하고 집안일도 분담하는 등 한껏 상대를 이해하려는 남편의 노력이 필요하다. 특히 나이 많은 사람은 그런 일이 손에 익지 않아 서투르겠지만, 뭐든지 하다 보면 익숙해진다. 그 과정에서 잔소리도 듣겠지만 가정의 평화를 위해 이해하며 노년의 행복을 찾아야 한다.

다른 사람이 맘에 안 드는 이유를 자신에게 적용하면, 나는 마음에 드는 사람일 수 있을까 생각하게 된다. 혼자 생각으로는 자신이 꽤 괜찮을지 모르지만, 그리고 그런 자존감은 매우 필요한 요소지만, 다른 사람이 보기에는 흠이나 못마땅한 점이 있을 것이다. 자신을 관찰하며 한계와 가능성에 관심을 두는 삶이 좋지, 남이 어떻다고 불평하고 스트레스받는 삶은 가치가 적고 재미도 없다. 그러니 못마땅한 상대가 있다고 해서 쉽게 무시하고 차별어를 사용하는 경솔함을 저지르지 말아야겠다. 못마땅해하기보다는 동류의 인간이라는 점을 더 많이 생각하며 긍정적으로 다정한 관계를 쌓도록 노력해보자.

10	자조적으로 차별하고

　앞에서 이야기한 예들이 다른 이에 대한 차별어라면, 여기서 살펴볼 것은 스스로 자조하는 차별어다. 자조적이라는 말은 자신을 조롱하고 처지를 한탄한다는 뜻이다. 앞에서 본 '미망인'도 원래 남편과 사별한 여인이 자신을 남편 따라 죽지 못한 사람이라고 부른 데서 유래했는데, 여기에도 자조적 어감이 내포되어 있다. 자신을 부를 때 스스로를 차별하면 역시 차별어라 할 수 있다. 처음에는 자신을 지칭한 말이 차츰 다른 사람을 지칭하는 데 쓰이면서 다른 여자가 남편을 따라 죽지 못했다고 차별하는 셈

이 되었다.

　'헬조선'이란 말에도 다분히 자조적인 뜻이 내포되어 있다. 영어 '헬(*hell*)'은 지옥을 뜻하고, 조선(朝鮮)은 우리나라를 뜻한다. 즉, 지옥 같은 우리나라라는 뜻이다. 다른 나라 사람이 아니라 한국인이 자국을 그렇게 표현하는 말이다. 살기 어려운 나라, 열심히 노력해도 살기 어려운 사회를 부정적으로 이르는 말이다. 이 부정의 대상이 우리나라이니 다분히 자조적이다.

　그럼 우리 자신을 이렇게 부르는 말도 차별어인가. 어떤 면에서 차별어라고 할 수 있을까. 자신을 혐오하든 타인을 폄하하든 이러한 경우 모두 차별어에 속하는가.

　차별은 둘 이상의 대상 중 한쪽을 낮추어 구별하는 것을 뜻한다. 차별하는 상황에서 대비되는 두 대상이 명확할 때가 많지만 그렇지 않을 때도 있다. 혐오와 폄하는 대조적으로 견주는 대상이 문맥에 드러나지 않아도 한 대상을 공평하지 않게 낮춘다는 점에서 차별에 속한다. 문맥에 대비되는 대상이 드러나지 않아도 무언가를 낮추는 인식에는 기준이나 잠재 대상이 존재하기 때문이다.

　그런 의미에서 다른 나라는 살기 좋지만 우리나라는 그렇지 않다는 뜻의 헬조선은 우리나라를 혐오하고 폄하하는 표현인 동시에 차별어이다. 이 단어는 집합명사여서 내포되는 범주에 모든 한국 사람이 포함된다. 결과적으로 나뿐 아니라 한국인 모두를 포함한 국가를 헬조선이라고 부르므로 혼자서 자조적으로 한탄하는 범위를 넘어선다. 왜 다른 사람까지 포함한 나라를 헬조선이라는 나쁜 의미로 부르는가. 헬조선이라는 자조적 한탄에 어떤 의미가 있는지 깊이 생각하면 좋겠다.

'삼포 세대'라는 말도 있다. 연애, 결혼, 출산 세 가지를 포기한 세대라는 뜻이다. 많은 젊은이가 취업이 어렵고, 돈을 모으더라도 엄청나게 상승한 집값을 마련할 길이 없기 때문에 결혼하여 가정을 꾸릴 엄두를 내지 못하는 현실에 처해 있다. 이 암울한 현실을 자조하며 삼포 세대라고 표현한 것으로, 인생에서 중요한 일들과 기성세대의 생활 수준을 이루기 어렵다는 결여 인식이 내포되어 있다. 삼포 세대에는 자신의 결여와 관련하여 자신을 다른 존재와 차별하는 뜻이 포함된다. 다른 이를 삼포 세대라 지시할 때도 사정은 동일하다.

'에코 세대'는 언뜻 보면 친환경 세대라는 뜻인가 싶은데 실은 베이비 붐 세대의 자녀를 말한다. 1950년대 중반 이후 출생률이 높아지면서 베이비 붐 세대 인구가 증가했는데, 이들이 결혼하고 아이를 낳은 시기인 1970년대 말과 1990년대 초 사이에 다시 인구가 증가했다. 그래서 한국 전쟁 이후 태어난 세대가 메아리처럼 다시 출산을 많이 했다는 의미로 에코 세대로 부른다. 이처럼 특정 세대를 지시하는 에코 세대, 베이비 붐 세대는 증가한 인구가 마치 필요 없이 출생했다는 식으로 표현하니 다분히 차별적 어감이 포함되었다고 볼 수 있다. 한 아기의 탄생은 참으로 소중한 일인데, 아기가 메아리치듯 많이 출생했다, 붐을 이루었다는 식으로 전체를 싸잡아 표현할 수 있을까.

삼포 세대에 해당하는 연령층은 1970년대 말에서 1990년대 초 사이에 태어난 이들이다. 부모 밑에서 풍족하게 자랐다 하더라도 취업난 때문에 사회 진입이 힘들고 급등한 아파트 가격 때문에 집 장만은 엄두도 내지 못하는 어려움을 겪는 이들이다. 누가 누구를 삼포 세대라고 부르느냐에 따라 다르겠지만, 이 세대가 자조적으로 스스로를 삼포 세대라고 부르더라도 기성세대는 해줄 수 있는 것이 없으니 안타깝다.

'국평오'는 '국민 평균 수능 등급 9등급 중 5등급'을 줄인 말로, 우리가 우리나라 국민을 자조적으로 지시할 때 쓰인다. 국민이란 나 자신뿐 아니라 우리나라에 사는 다른 모두를 포함하는데, 자신만 지시하는지, 남을 지시하는지, 아니면 모두를 지시하는지가 문맥에 따라 모호하다. 9단계 중 5등급이면 중간 정도인데 중간이 왜 나쁜가, 그리고 왜 등급을 운운할까 하는 의문이 드는 말이기도 하다.

등급 개념은 고등학교 내신 성적에서 왔다. 고등학교 내신 성적은 9개 구간으로 나뉘고, 각 구간에는 비율이 배정된다. 5등급은 중간 정도로 전체의 40~60%에 해당한다. 비율로 보면 중간이니 평범하고 일반적인 대중을 지시한다고 할 수 있다. 문제는 이 단어가 평범하게 사용되지 않는다는 데 있다. 자녀가 5등급의 성적을 받았다면 기본은 했다고 생각할 정도인 듯하지만, 현실적으로는 1·2등급이 되지 못했다고 한탄한다. 우리나라 자녀 교육의 중심은 학교 공부이고, 학부모들은 공부에 대한 기대치가 너무 높기 때문에 중간 정도라면 좋은 대학에 못 들어간다며 크게 걱정한다. 이런 사회에서는 자녀들이 괴롭기만 할 것이다.

'국평오'는 이러한 의미에서 확장되어 자녀가 아니라 중간 수준의 국민을 가리키는 데도 많이 쓰인다. "국민 평균 5등급 실감", "국민의 지적 수준 평균은 5등급"과 같은 말도 쓰이며 국민을 비하하는 문맥을 형성한다. 여러 사회

문제가 계속 발생하는 이유는 국민이 전반적으로 어리석기 때문이라고 생각하고, 경쟁이 치열한 현대사회에서 자신보다 못한 사람을 무시하며 스트레스를 해소하려는 심리도 있는 듯하다. 한편으로 우리 자신을 반성하자는 생각으로 이런 말을 만들었다고 볼 수도 있을 것이다.

그러나 자신을 포함한 사회집단을 싸잡아 국평오라고 부르는 것 자체에 과도한 일반화라는 논리적 오류가 있다. 오류가 아니고 진실이라 하더라도, 또한 솔직한 비판이 필요하다 하더라도 이처럼 자조적인 말은 결국 누군가를 차별하는 데 사용될 수밖에 없다는 사실을 깨달으면 좋겠다. 사는 게 힘들지 않고 누릴 것 누리며 사는 이는 누가 국평오라고 부르든 말든 상관없이 살 수 있으나, 그렇지 못한 사람은 자괴감을 느낄 것이다. 안 그래도 힘든데 왜 국평오 수준이라는 인식을 주입하며 사람을 어느 기준 이상과 이하로 구별하고 차별하느냐고 생각하게 될 것이다.

11 | 대조하며
차별하고

언어는 인간이 세상 만물을 대조하며 구별한 결과물이라 할 수 있다. 대조란 서로 달라서 대비된다는 뜻인데, 우리의 언어 사용 자체가 무언가를 대조하는 활동이기도 하다. 예를 들어 여러 사람이 모인 자리에서 "영이, 참 예쁘게 입고 나왔네"라고 말하면, 다른 사람은 덜 예쁘다는 뜻이 내포되었다고 할 수 있다. 유독 영이가 눈에 띄어 말했을 뿐 다른 사람이 안 예쁘다는 뜻이 아니라고 덧붙여도 이 말이 전적으로 공감되지는 않는다. 어쨌든 다른 사람은 예쁘다고 생각하지 않은 거니까.

이렇게 따진다면 '아니, 그런 것까지 생각하며 살아야해? 생각나는 대로 말하며 사는 거지, 그냥 단순히 생각나는 대로 말한 건데, 굳이 전후 맥락과 그 말의 영향을 분석해야 하나?'라고 반문할 수 있다.

그러나 말하는 사람이 아니라 듣는 사람의 입장이 되면 사정이 다르다. 말하는 사람은 단순히 언급했을 뿐이라고 생각하지만, 듣는 사람은 그 생각이 무심하고 거칠다고 느낄 것이다. 자신이 옆에 있는데 배제했으니 기분 좋을리 없다. 그러니 어떤 말을 할 때는 내 말이 누군가에게 기분 좋지 않게 들릴지 따져봐야 한다.

우리가 사용하는 '정상인'이란 단어는 과거에 매우 무심하게 쓰였다. 이후 사회에서 인권을 보다 존중하면서 단어를 사용하는 맥락에 차별이 있음을 발견했다. 정상인이라는 단어를 사용하는 상황을 살펴보면 한 대상을 대조적으로 차별하는 상태임을 알 수 있다. "정상적이지 않은 사람은 누구인가?"라고 물으면 정상인의 의미를 다시 한번 생각하고 그 개념이 매우 복잡함을 깨닫게 된다. 나아가 철학적으로 우리 인간은 모두 결함이 있는데 이런 상황에서 무엇을 정상으로 간주하겠느냐는 회의도 든다. 참으로 내용이 복잡한 단어임에도 우리는 가볍게 생각하며 사용했다. 일단 무엇이 정상이라는 말 자체는 그렇지 않은 상태도 있음을 전제로 한다. 아무에게나 잣대를 들이대고 정상이 아니라고 평가할 수는 없는데도 우리는 생각 없이 이 단어를 쓰곤 했다.

그럼 '정상인'이란 말을 어떤 식으로 사용했을까? 국어사전에 따르면 정상인은 "상태가 특별한 변동이나 탈이 없이 제대로인 사람"이다. 그 상태는 어떤 상태를 뜻하는가, 탈이 없다는 것은 또 무슨 뜻일까 하는 의문이 든다. "정상인 혈압", "정상인 혈당 수치"라는 말에서 정상인은 혈압이나 혈당 수치가 정상인 사람을 뜻한다. 혈압이 정상인 사람의 혈압을 정상인 혈압이라고 표현했는데, 엄밀히 말하면 정상 혈압이 아닐까? "정상인 척하는 비정상 인간"이란 말은 사람의 행동이나 식생활 등의 특이점을 발견하고 정상이 아니라고 언급하는 문맥에서 나온다. 정상의 반대는 비정상이 틀림없는데, 뭔가 평범함에서 벗어났다고 느끼는 상태를 이렇게 표현한 것이다.

"골골이에서 점차 정상인으로." 이 표현에서는 소화가 제대로 되지 않고 잘 먹지 않아서 몸이 허한 사람과 대조적인 사람을 정상인이라고 했다. "언어 장애자와 정상인의 발음 진단을 위한 한국어 발음 검사"라는 표현에서는 언어 장애가 없는 사람을 정상인이라고 언급했다. 혹은 수술 후 잘 못 움직이다가 차츰 나아질 때 거동이 정상인과 다름없다고 표현하기도 한다. 이상과 같이 정상인이 사용된 다양한 문맥을 보면 특정 주제에 관하여 기준을 가지고 언급했음을 알 수 있다. 아프지 않고, 몸이 약하지 않고, 발음을 잘하고, 혈압과 혈당이 기준 수치이고, 식생활이나 행동이 평범한 경우 말이다.

이런 식으로 우리는 보통 사람을 정상인이라고 불렀는데, 이를 장애인이 아니라는 뜻으로도 썼다. 장애인이 아니라는 뜻을 표현하기 위해 정상인이라고 말하는 것은 앞의 예들처럼 특정 상황에서 불편이 있고 없고를 가리며 사용한 경우와는 매우 다르다. "아들이 장애인이라는 사실을 받아들이지 않고 정상인처럼 대하는 아버지", "본 센터는 장애인, 정상인을 위한 음악 치료, 언어 치료 전문 기관입니다", "장애인을 정상인과 똑같이 대한다", "정상인이 장애인 등록증을 위조했다" 등의 문맥에서 정상인의 의미는 장애가 없는 사람이라는 전제를 내포하고 있다.

이처럼 정상인을 장애인이 아닌 사람을 지시하는 데 쓰면, 즉 장애인과 대비하는 의미로 쓰면 장애인은 정상인이 아니라는 사회적 차별이 발생한다. 정상인의 의미는 과연 무엇인가. 앞에서 살펴본 것처럼 소화력이 보통이고 식사를 잘하는 사람을 정상인이라 할 수도 있고, 특별하거나 기묘한 취미가 없는 평범한 사람도 정상인이라 할 수 있다. 그런데 사실 정상인은 어떤 기준을 정상으로 보느냐에 따라 달라질 수 있다. 혈압과 혈당 수치는 의학이 증명한 기준에 따라 정상과 비정상으로 나눌 수 있겠지만, 어떤 행동거지나 취미가 정상인지는 따지기가 어렵다. 다수의 행동이나 상태를 정상이라고 할 법하지만, 다수란 어느 정도인지를 누가 조사해서 증명하기 전에는 기준이 모호할 것이다.

장애인의 대립어로 정상인이라는 단어를 쓴다면, 장애인은 어떤 경우에도 정상인이 될 수 없다는 뜻인가. 결코 그렇지 않다. 장애인도 마음이 정상이고 식생활이 정상이고 혈압이 정상이다. 눈이 불편해도 귀가 정상이고, 팔이 불편해도 다리가 정상이다. 그러니 장애인과 정상인을 대립 관계의 말로 생각하는 것은 일단 논리적으로 맞지 않다. 그러므로 장애인의 대립어로 쓰는 정상인이란 표현은 장애인을 차별하는 차별어가 된다. 장애인도 정상인이기 때문이다. 이에 장애인의 반대말을 써야 한다면 정상인이라 하지 말고 비장애인으로 고쳐 쓰자는 방안이 제시되었다. 따라서 장애인이 아닌 사람을 지시해야 할 때 정상인이 아니라 비장애인이란 말을 쓰면 좋을 것이다.

불법과 합법의 개념으로 대조하는 차별어도 있다. '불법체류자' 또는 '불법 이주민'은 사람을 불법으로 부른다는 점에서 일단 잘못된 말이다. 사람에 대해 합법이나 불법이란 단어를 붙이는 것은 적절하지 않다. 하나의 행동을 불법으로 판정할 수 있는 경우는 있겠지만, 우리가 누군가를 불법인이라고 표현하는 것은 잘못된 일이다. 불법체류라는 말을 쓸 수는 있다. 어느 국가든 체류하려면 법적으로 허가받아야 하기 때문이다. 그렇다고 해서 정식 절차를 밟지 않거나 기한을 어기면서 머무는 사람을 불법체류자라고 부르면 '불법'이 체류자라는 사람을 뜻하는 말을 수식하므로 부적절하다. 그래서 비슷한 단어를 쓸 필요가 있다면 '미등록 이주민' 또는 '미등록 외국인'을 사용하자는 방안이 제시되었다. 그런데 한편으로는 이러한 단어가 위법 행위를 미화한다는 비판이 제기되었다. '미등록 이주민' 등의 대체 단어를 사용하자는 이유는 위법 행위를 미화하거나 옳다고 보기 때문이 아니라 일상생활에서 우리가 그들을 불법이니 합법이니 하는 대립적 가치 판단으로 차별하며 부를 권리가 없기 때문이다.

'인 서울'이란 말도 '인'과 대조되는 '아웃'이란 말이 있다는 점에서 대조적 차별의 뜻을 지닌다. 흔히 서울에 있는 대학을 인 서울이라 표현한다. 이 말에는 전국의 대학을 서울과 서울 아닌 곳으로 나누는 이분법적 발상이 포함되어 있다. 주거지에도 쓰이는 인 서울 역시 서울과 서울 아닌 지역을 나눈 것이다. 지리적 표현일 뿐인데 뭐가 그리 안 좋다는 건가 생각할 수 있겠으나, 인 서울에 들지 못하는 사람을 헤아리는 마음이 눈곱만큼도 없는 차별어가 될 수 있다. 우리는 다양성의 시대를 살고 있지만 의식에는 고전적인 이분법적 발상이 남아 있다는 점을 심각하게 생각할 필요가 있다. 모두가 행복한 세상, 상황은 각자 다르지만 차별받지 않고 모두가 귀하게 여겨지는 세상이 되려면 이런 차별어를 사용하지 않아야 한다.

  서울로 가는 것은 올라간다고 하고, 지방으로 가는 것은 내려간다고 하는 말도 서울 중심의 인식이 그대로 반영되어 남아 있는 표현이다. 올라간다는 말과 내려간다는 말은 수직적 개념을 포함하고 있다. 그러니 엘리베이터를 타거나 등산할 때 쓰면 알맞은 말이다. 평균 해수면을 기준으로 측정한 높낮이의 차이가 없는데도 서울과 지방을 올라가고 내려가는 것으로 표현하는 말에는 대조적인 차별 인식이 내재되어 있다.

강남과 강북도 대조성을 띤 말이다. 이 대조성을 차별적 문맥에서 드러내면 영락없는 차별어가 된다. 사실 강남과 강북은 지리적 환경을 표현한 용어일 뿐이다. 그러나 이 말이 사회적으로 탄생한 과정이 객관적이고 평등하지 않다는 데 문제가 있다. 강남 학군, 강남 아파트, 강남 상권, 강남 사람 등 강남은 부자 동네고 살기 좋으며 사람도 차이가 난다는 의미로 생각하며 쓰는 한 강남은 차별어가 될 수밖에 없다. 강북 사람이 저런 말을 들으면 기분이 나쁠 것이다. 더욱이 강북이 강남에 비해 뭔가가 나쁘거나 안 좋다는 말을 들으면 왜 그리 구별하며 편 가르듯 판단하나 싶을 것이다. 선입견 속에서 강남과 강북을 과도하게 일반화한 이분법적 사고는 그야말로 졸속하고 폐쇄적인 사고 습관이다.

사람이 모여 사는 땅덩어리 중에는 유난히 많은 사람이 몰리는 곳이 있고, 이곳은 그 지역의 중심이 된다. 때로는 시대별로 중심 지역이 바뀌기도 한다. 국가마다 가장 중요한 지역을 수도로 정하고, 다른 지역을 지방이라고 부른다. 중심 지역은 모든 분야에서 더 빨리 발전하고 새로운 변화도 더 빨리 일어난다. 우리나라의 경우 서울에 사는 쪽을 선호하는 사람이 갈수록 많아졌다. 그 과정에서 지방은 발전이 덜 되고 뒤처진 지역이라는 생각이 널리 퍼졌다.

이 생각도 기준을 따져보면 한낱 차별적 인식이 아닌가 한다. 높은 빌딩 숲이 더 멋있을까, 자연의 싱그러운 숲이 더 멋있을까. 사람이 많아 부딪히며 다니는 거리가 더 낭만 있을까, 한적한 들녘을 보며 걷는 산책길이 더 낭만 있을까. 물론 도시와 읍내를 비교하면 도시는 도시 개발 계획으로 인해 질서가 더 잡혀 있고, 읍내는 생활의 흔적을 곳곳에 묻히며 질서 없이 생겨난 자연 발생적 주택들이 모여 있다는 차이가 있을 수 있다. 그런데 나는 자연 발생적으로 형성된 마을이 더 좋다. 그렇다고 해서 내 생각이 정답이라고 말하지는 않는다. 도로가 질서정연하고 주택들도 반듯반듯한 도시를 더 좋아하는 사람도 있다.

서울은 사람이 많이 모여 살기 때문에 경쟁이 더 치열하다. 따라서 경쟁에서 이긴 자들이 사는 곳이기도 하다. 대학을 구분할 때도 서울에 있나 지방에 있나로 나눈다. 어디 거주하느냐에 따라 인 서울과 그렇지 않은 곳으로 구분한다. 서울이 아닌 곳은 지방이라 부르는 것을 넘어 시골, 촌이라고 부르기도 한다. 서울에 직장을 얻거나 집을 마련하여 이사 오는 사람에게 "서울 입성을 축하합니다"라고 말하는 것은 서울과 지방 사이에 높은 벽이 존재한다는 전제가 깔려 있다. 성안으로 들어간다는 것을 의미하는 '입성(入城)'의 '성'은 중요한 것들을 보호하기 위해 높은 담으로 둘러막아 지은 건축물이다. 따라서 다른 바깥지역보다 고귀한 곳으로 인식된다.

이런 지리적 사정이 대상을 지시하는 단어에 포함되면서 차별어가 생겨났다. 지방에 있는 대학을 '지잡대'라고 표현한다. 지방에 있는 잡스러운 대학이라는 의미다. 지방에 있다는 표현에 잡스럽다는 표현까지 더했으니 그야말로 차별어가 아닐 수 없다. 지방에 있는 대학에 근무하는 나로서는 이 말을 들으면 기분이 매우 안 좋다. 나만 그렇겠는가. 우리 학생들도 상처를 받을 것이다. 나는 학생들에게 이렇게 말하곤 했다. 지방에 있는지 서울에 있는지, 명문대인지 아닌지가 중요하지 않은 이유는 대학 입학이 고등학교 시절 배운 내용을 얼마만큼 이해하고 암기했느냐에 따른 결과이기 때문이다. 그 내용이 우리가 인생을 살아가는 데 참으로 중요한 것이던가. 그렇지 않다. 그 내용을 공부할 시간에 다른 중요한 생각을 하고 경험하며 고등학교 시절을 보냈다면 현재의 결과를 겸허히 받아들일 수 있다. 또한 명문대생이 아니라고 해서 유능한 인재가 되지 못하는 것이 아니고, 앞으로 시간을 얼마나 효율적으로 사용하느냐에 따라 자신이 원하는 성취를 할 수도 있고 못 할 수도 있다. 우리 사회는 학벌에 따라 사람을 평가하는 어리석음에서 벗어나고 있는 중이다. 여러분이 바로 이러한 선입견을 깨고 본질적인 것을 똑바로 보는 시각을 우리 사회에 형성해줄 주인공들이다.

한국이 발전하려면 모든 영역과 모든 지역이 골고루 발전해야 한다. 수도권과 지방이 고르게 발달했느냐가 선진국의 요건 중 하나라는 것을 기억해야 한다. 각 지역이 고르게 발전하면 서울 집값이 너무 비싸서 청년층이 집을 가지기 어려운 주택난도 해소될 것이다. 이렇듯 지역 발전에 대한 바람이 어느 때보다 절실한 요즘인데, 지방에 소재하며 지역 발전에 기여하고 지역 상생을 실천하는 지방대학을 깔볼 일인가.

서울 사람을 서울깍쟁이라고 놀리는 말도 있지만, 각 지방 사람들을 놀리는 말도 참 많다. 어떤 경우든 지방에 대한 선입견으로 지방 사람 전체를 싸잡아 차별하는 일은 없어야 한다. 충청도를 멍청도라 하고, 경상도를 개쌍도 또는 개쌍도 경상민국이라 부른다. 경상도 사람을 경상

디언이라 하고, 전라도 사람을 전라디언이라 부른다. 경상
디언과 전라디언이라는 말이 쓰이는 문맥에는 '새끼' 같은
비속어도 자주 붙는다. '홍어족'은 전라도 지역에서 주로
먹던 홍어를 들어 붙인 말로, 전라도 도민을 차별하는 데
쓰인다. 전라도를 줄여 '라도'라고 하는데, 이 표현도 차별
의 문맥에서 쓰인다. 한국의 땅은 똑같은 우리 땅인데 지
역별로 대립하며 이리도 차별할 일인가. 그나마 이런 차별
이 차츰 사라지고 있어 다행이다. 한국 사회의 인권 의식
이 높아지고 있다는 뜻이다.

한국전쟁 때는 평안도, 황해도 등의 북한에서 피난 온
사람들이 '이북 떨거지'라고 불리며 멸시당하기도 했다.
피난 온 지 수십 년이 지나 같은 지역에서 함께 사는 사람
들까지 그렇게 멸시하는 말로 부른다는 것은 참 비정한 일
이다. 민족의 비극인 한국전쟁 때문에 떠난 피난길에서 갖
은 역경을 겪고, 이후에는 북한에 남은 가족을 그리워하며
사는 사람들을 어찌 그렇게 부를 수 있을까.

서울과 대비하여 지방 사람, 특히 도시가 아닌 농어촌
지역 사람을 '촌사람', '촌놈', '시골 사람', '시골 놈' 등으로
부르는데 이것도 차별어이다. 촌에 사는 사람을 촌사람이
라 부르는데 뭐가 잘못되었냐고 반문한다면, 서울이 더 좋

고 서울로 가야 성공했다고 여기는 세상에서 서울 아닌 지역에 사는 사람이라고 부르는 것이 기분 좋을 일이냐고 되묻고 싶다. '촌'이나 '시골'이 붙은 말은 대부분 차별적 문맥으로 쓰였고, 이 표현에 차별이 내포되어 있는 만큼 서울을 떠나 시골에서 전원생활을 즐기는 사람도 자신이 촌사람, 시골 사람이라 불리는 것을 반기지 않을 것이다. 말은 문맥에 따라 내포적 의미를 포함하는데, '촌'과 '시골'이 있는 그대로의 순수한 의미로만 사용되지는 않는 게 문제이다.

대조적 맥락이 개입하는 다른 예는 '결손가정'이다. '가정'과 '결손가정'이 대립하는 셈인데, 결손가정이 있으니 완전 가정도 있다는 의미인지를 곰곰 따져보면 참으로 비논리적인 말임을 깨달을 수 있다. '결손'은 어느 부분이 없거나 잘못되어 불완전하다는 뜻을 지닌다. 이 단어는 금융 분야에 많이 쓰인다. 예를 들어 일정한 수입보다 지출이 많아서 생긴 손실을 결손금이라 하고, 적자가 나서 발행하는 공채를 결손공채라고 한다. 손실이나 적자가 생길 때 쓰는 단어 결손은 일이 잘못되거나 책임져야 할 요소가 발생했다는 뜻이다. 이 단어를 가족 중 어머니나 아버지가 안 계신 경우에 적용하여 결손가정이라 표현한 것이다. 부모가 이혼하거나 돌아가신 상황이 결손금과 같은가. 결코 그렇지 않다. 그 이유는 가족 구성원의 변화는 누구의 잘못과 책임의 문제로 접근할 일이 아니기 때문이다. 서울시는 결손가정이란 말을 쓰지 말고 상황에 맞게 '한 부모 가정'이나 '조손 가정'으로 고쳐 부를 것을 제안했다.

'편부', '편모', '편부모 가정'도 생각해볼 필요가 있다. 이 단어들도 차별어로 간주되는데, 그 이유는 '편(偏)'이라는 글자의 뜻이 뭔가 모자란다는 전제를 포함하기 때문이다. 부모가 이혼하거나 돌아가셔서 자녀가 한 부모와 산다고 하여 그렇게 부를 필요가 있는가. 복지 정책을 위해 해당 상황을 지시할 필요가 있다면 '한 부모', '한 부모 가정'이라고 하면 된다.

| 12 | 신성한 직업을
차별하고 |

노동은 신성하며 직업에는 귀천이 없다는 말이 독일이나 캐나다 같은 외국에서는 통하는 것 같지만 한국 사회에서는 사정이 매우 달랐다. 물론 현대로 오면서 직업의 평등에 대한 인식이 퍼지며 변화하기는 했으나 여전히 과거의 기준으로 직업의 좋고 나쁨을 분간하는 의식이 남아 있다.

예전에 나는 한 외국인 청소년을 만난 적이 있다. 고등학생이었던 그와 장래 문제에 관해 대화했다. 나는 고등학생이라면 당연히 대학에 진학하리라고 예상하고는 무슨

과를 가고 싶냐고 물었다. 미래에 대한 꿈을 대학 진학과 관련지어서만 생각한 것이 나의 한계였다. 그는 이렇게 말했다.

"저는 대학 안 가요. 학교 졸업하면 나무 베는 일을 할 거예요. 새벽 5시부터 오전 9시까지 나무를 베면 생활비를 벌 수 있어요. 저는 사랑하는 사람과 결혼해서 아이를 낳고 살 거예요."

나는 이 말을 듣는 순간 그가 다시 보였다. 그저 평범한 소망인데도 매우 현실적으로 계획하고 이모저모 생각하며 정한 답인 것 같았다. '아, 정말 그렇게 살면 행복하겠구나'라는 생각이 들었다. 그의 고향은 미국 켄터키주인데, 과연 그는 지금 그렇게 아침 일찍 일을 끝내고 이후 시간에는 행복한 가정생활을 누리고 있다.

직업은 사람이 밥을 먹고 잘 곳을 마련하고 옷을 장만할 돈을 벌게 해주는 필수 조건이다. 구직 과정이든 이후의 근무든 직업과 관련된 사안은 필사적인 노력을 동반해야 하는 엄중하고도 중요한 그 무엇이다. 일하는 사람 대부분은 자유롭지 않은 근무시간 동안 정신적·육체적 힘을 사용해야 한다. 견딘다는 말이 적절할 때도 있고, 일에서 즐거움을 느낄 때도 있을 것이다. 일의 종류가 무엇이든

간에 노력하는 인간의 수고로움이 깃들어 있고, 한편으로는 보람도 있을 것이다.

한국 사회에서는 특정 직업들을 하대하며 막 부르는 경우가 꽤 많았다. 예를 들어 일용직 건설 노동자를 '노가다'라 불렀다. 이 말은 토목공사 일을 하는 사람을 뜻하는 일본어 '도가타'에서 왔다. 이 원말에는 하대하는 의미가 없었을 수도 있다. 그런데 이 말이 한국에 들어오자 정신노동을 하는 사무직과 대립되는 의미가 포함되었고, 아무나 할 수 있는 하찮은 일로 인식되었다. 예로부터 주로 힘을 써서 무엇을 나르고 만드는 육체노동은 사무실에 앉아서 펜대로 사무를 보는 사무직에 비해 막일이라는 인식이 있었다. 요즘도 사무직과 생산직을 구분하며 더 고되다고 여겨지는 생산직을 기피하는 현상이 있는데, 다분히 이런 풍조와 관련 있다.

노가다라는 말은 그저 육체노동만을 뜻하는 것이 아니라 좋은 직업을 구하지 못해 어쩔 수 없이 하는 탐탁지 않은 직업이라는 인식과 함께 쓰였다. 일본어를 쓰지 말자는 국어 순화 운동 덕에 이 말은 우리 사회에서 많이 사라졌다. 그래서 '막일꾼'이란 말이 대신 사용되었는데 이 단어도 육체노동을 홀대하는 분위기가 있다. 이것저것 가리지 않고 닥치는 대로 한다는 뜻이기 때문이다. '막-' 이란 접두사는 거칠다는 뜻이다. 막고춧가루는 씨를 빼지 않고 거칠게 빻은 고춧가루를 뜻하고, 막국수는 겉껍질만 벗긴 거친 메밀로 가루를 내어 만든 국수를 말한다. 건설 노동자를 '막노동꾼'이란 말로도 표현하는데, 역시 전문적 능력을 가지고 하는 일이 아니라 누구나 할 수 있는 치다꺼리 일이란 뜻이다. 과연 아무나 하고 막 해도 되는 일이 있을 수 있을까. 어떤 일이든 기술이 필요하고, 잘 모르고 일하면 안전사고가 일어나기 마련이다. 아마도 여기에는 예외가 없을 것이다. 그런데도 우리는 어떤 일을 막일, 막노동이라고 거칠게 불렀다. 노가다를 일용직 건설 노동자로 고쳐 부르자는 제안도 나왔는데, 굳이 일용직이라는 말을 붙일 필요가 있을까 싶다.

한국 사회의 인권 감수성은 과거에 비해 많이 높아졌다. 과거에 흔히 들리던 차별어 중 군바리, 보험쟁이, 봉급쟁이, 식모, 막일꾼, 삐끼, 집달리 등은 이제 거의 사라졌다. 이런 단어들을 군인, 보험 모집인, 임금 생활자, 가사도우미, 일용직 노동자 등으로 바꿔 부르기도 한다. 호객 행위하는 사람을 속되게 이르는 단어 '삐끼'는 일본어 '히기'에서 온 말로, 호객 행위가 금지되면서 사라졌다. '집달리'

는 법률, 명령, 재판, 처분 따위의 내용을 실행하는 관리인데, 요즘은 집행관으로 고쳐 부른다.

이렇게 차별어들이 바뀌고 사라지는 현상은 타인을 비방하거나 막 대하면 안 된다는 인식이 높아진 결과다. 더불어 직업인에 대한 사회적 인식을 전환하려는 노력도 나타났다. 좋은 예로 '간호원'을 '간호사'로 고친 것을 들 수 있다. '-사(士)'가 국가가 인정하는 자격증을 가지고 전문적으로 일하는 사람을 뜻하기 때문이다. '-사'가 쓰이는 직업 명칭으로는 변호사, 세무사, 가정교사, 간호조무사, 감별사, 건축사, 경영관리사, 회계사, 공인회계사, 교사, 악사, 국악사, 국역사, 이발사, 면도사, 물리치료사, 변리사, 조종사, 사회복지사, 기관사, 항해사, 생활설계사, 속기사, 수도사, 언어치료사, 연구사, 운전사, 정비사, 조리사, 위생사, 장학사, 전기관리사, 제빵사, 중사, 상사, 하사, 촬영기사, 특허변리사, 기공사, 측량사, 기능사 등이 있다.

'-사(士)'와 발음이 같지만 한자는 다른 '-사(師)'를 쓰는 직업도 있으니 약사, 의사, 한의사, 목사, 조율사, 표구사, 재봉사, 감별사, 사진사, 재단사, 미용사가 좋은 예다. '-사(士)'는 그 일을 담당하여 처리할 능력이 있는 사람이나 선비를 뜻하고, '-사(師)'는 전문적 기예를 닦은 사람이나 스승을 뜻한다. 하지만 직업 목록에서 두 접미사의 뜻이 확연히 구분되는 것은 아니고, 현대는 한자를 쓰는 시대도 아닌 만큼 구분에 큰 의미가 없다. 어쨌든 두 접미사는 직업을 하대하는 의미로 사용되지 않는다.

그런가 하면 검찰 일을 하는 검사와 법원의 법관인 판사에는 한자 '-사(事)'가 쓰인다. 한자의 세계는 복잡하다. 이러한 한자들을 어려워할 필요도 없고, 굳이 구별하며 의식할 필요도 없다. 그냥 '-사'로 부르고 말하면 될 일이다.

다양한 예를 보면 '-사'가 사회적으로 더 인정받는 직업에 쓰이는 말 같고, '-원'은 그보다는 낮은 부류라고 볼 여지도 있으나, 반드시 그렇지는 않다. 공무원은 공무원 시험에 통과하여 자격을 인정받아야 하는 직업인데 '-원 (員)'이 쓰였다.

'-원'이 쓰이는 직업은 검침원, 경호원, 승무원, 교원, 교직원, 국무위원, 국회의원, 구의원, 도의원, 시의원, 군악대원, 매표원, 미화원, 배달원, 보도원, 보조원, 사무직원, 사무원, 세관원, 소방원, 소방대원, 수송원, 수행원, 안내원, 안전원, 역무원, 외판원, 우편배달원, 은행원, 인턴사원, 전화교환원, 교환원, 점원, 접수원, 조사원, 종업원, 주재원,

직원, 출납원, 취사원, 취재원, 타자원, 통신원, 통역원, 특파원, 판매원, 호송원, 회사원 등이 있다. 이 단어들의 대부분에 '-원' 대신 '-사'를 넣으면 말이 안 된다. 이 단어들은 별다르게 개선된 점이 없다. 예를 들어 점원, 집배원, 교환원, 경비원, 검침원처럼 '-원'이 쓰이는 용어의 사회적 인식을 높이고자 '-사'로 바꾸기는 어렵다. 그런 점에서 간호원을 굳이 간호사로 바꾼 데는 다른 이유가 있음 직하다.

간호원이란 말이 쓰이기 전에는 '간호부'라고 부르기도 했다. 과거에는 간호사 일을 주로 여성이 담당했으므로 '-부(婦)'가 붙은 것이다. 그러다가 성별 구분이 없는 '-원'으로 바뀌고 이후 다시 '-사'로 바뀌었다.

한편으로는 드러난 현상만 보고 '간호원이면 어떻고 간호사면 어떤가, 그 말이 그 말이지'라고 쉽게 생각할 수 있다. 실제로는 간호사가 특별히 어려운 간호사 자격증을 취득하고 직무에 임하기 때문에 '-사'라는 표현이 맞다고 본 결과였다. 그리고 근본적으로 간호사들이 다른 사람들로부터 얼마나 하대와 차별을 당했길래 그런 조치가 필요했는지도 생각해보아야 한다. 한국 간호사는 담당해야 하는 환자의 수가 어느 국가보다도 많다. 게다가 많은 사람이 간호사를 의사의 보조자로 인식하고 하대하는 나쁜 습관도 보였다. 그래서 사회적으로 차별하는 인식을 개선하고자 '-사'로 바꾼 것이다.

하지만 말이 바뀌어도 사회적 인식이 바뀌지 않으면 소용이 없다. '-원'에서 '-사'로 바꾼 목적이 간호사를 대하는 사람들의 인식을 개선하기 위해서였던 만큼, 성숙한 인권 의식을 가지고 바쁜 간호사들을 존중해야 할 것이다.

'-사'가 붙은 직업 이름 중 정비사는 정비공으로, 조율사는 조율공으로 불리기도 했다. '-공(工)'이라는 접미사는 기술직 노동자를 뜻하는 말로 방수공, 온돌공, 폭파공, 케이블 접속공, 통신 내선공, 용접공, 인쇄공, 정비공 등에 쓰인다. 모두 특별한 기술을 가지고 일하는 사람들이다. 그런데 용접공을 용접원으로, 인쇄공을 인쇄원으로, 정비공을 정비원으로 바꾸어 부르자는 방안도 제기되었다. '-공'보다 '-원'이 격상된 직업 부류를 나타낸다는 생각 때문이었다. 사실 '-공'은 장인이란 뜻이 있고, 일하는 사람 중 아무나 장인이 되는 것이 아니므로 충분히 자부심을 가질 만하다. 혹여 '-공'이란 말이 '공돌이' 같은 차별어 때문에 안 좋은 영향을 받는다면 화나는 일이다. 한 분야의 기술을 연마하며 일하는 직업에 누구도 돌을 던져서는 안 되기 때문이다.

'-사'가 붙은 직업 이름을 다시 수정한 사례도 있다. 운전사를 운전기사로 바꾼 것이 좋은 예다. 과거에는 운전수라는 말을 쓰다가 운전사로 고쳐 불렀고, 이를 다시 운전기사로 바꾼 것이다. 이 직업을 하대하는 어감이 있다고 보아 개선하려 한 결과다.

사실 '-사'는 '기사'의 줄임말 같은 것이어서 건축사와 건축기사 등에서는 어느 말에 더 존대하는 뜻이 있는지 구별되지 않는다. 혹은 두 단어가 전문 영역에서 다른 뜻으로 쓰일 수도 있다. '-사'가 쓰이지 않고 애초부터 '기사'가 쓰인 예로는 환경 기사, 녹음기사 등이 있다.

광부, 잡부, 배달부, 청소부, 가정부, 파출부, 접대부, 잡역부처럼 '-부'가 붙은 직업 이름도 있다. 한자로는 '-부(夫)'와 '-부(婦)'가 있는데, 잠수부, 광부, 우체부, 잡부, 배달부에는 사내 부(夫)를 쓰고, 청소부, 가정부, 파출부, 접대부에는 여자 부(婦)를 쓴다. 잡역부에는 두 종류가 있다. 여러 자질구레한 일에 종사하는 여자를 뜻할 때는 -부(婦)를 쓰고, 그런 일을 하는 남자를 뜻할 때는 -부(夫)를 쓰는 것으로 한자가 구분되어 있다. 그러나 현대는 한자 시대가 아니므로 이런 요소를 따질 필요가 없다. '-부'가 남자와 여자를 뜻하며 성별을 구분하는 말이어서 현대에는 적절치 않고, 과거에는 특정 영역에 특정 성별이 종사했으나 이제는 구분 없이 하기 때문이다.

또한 직업을 하대하는 의식을 개선하기 위해 '-부'로 끝나는 많은 직업어가 수정되고 있다. 잠수부는 잠수원으로, 광부는 광원으로, 우체부는 집배원으로, 청소부는 환경미화원으로, 잡부는 건설 노동자로, 가정부와 파출부는 가사도우미로, 접대부는 접대원으로 바뀌었다. 잠수부와 잠수원은 둘 다 쓰이는데, 잠수부에 특별히 하대하는 뜻이 없기도 하고 많은 사람이 굳이 한자의 뜻을 생각하지 않아서 잠수부라는 말이 더 많이 쓰이고 있다.

'주부'와 '가정주부'의 경우 부부 중 주로 아내가 집에서 살림을 하므로 '-부(婦)'를 쓰는데, 요즘은 남편이 집안일을 하는 경우도 많으므로 '살림꾼'으로 고쳐 부르자는 의견이 제시되었다. 또 광부를 '광원'으로 고친 반면 농부와 어부는 '농민, 농업민'과 '어민, 어업민'으로 고쳐 부른다. 한편 청소부를 환경미화원으로 고친 반면 화장실 미화원은 화장실 관리인으로 고쳐 부르자는 의견이 제시되었다.

이 밖에 안내양을 안내원, 경비원을 보안 요원, 수위를 건물 관리원, 간수를 교도관, 레지를 종업원, 견습사원을 수습사원, 구두닦이를 구두 미화원, 때밀이를 목욕 관리사, 보모를 육아 도우미, 신문팔이를 가두 신문 판매원, 보험 아줌마와 보험 외판원을 보험 설계사, 장의사를 장례지도사, 순경을 경찰, 점쟁이와 무당을 역술가, 역술인, 무속인, 점술가, 매춘부(창녀)와 남창을 성 노동자(성 근로자)로 바꾼 예가 있다. 대한민국에서는 성매매 일체가 불법이므로 매춘부(창녀)와 남창은 노동자, 근로자에 속하지 않지만 이렇게 부르는 이유는 불법임에도 아직 우리 사회에 존재하기 때문이다.

직업은 매우 다양하고, 어떤 직업인은 1급, 2급, 3급 등으로 능력을 구분하기도 한다. 이렇게 구분하는 이유는 차별하려는 것이 아니라 능력에 맞는 업무를 분장하기 위해서다. 사람의 능력은 각자 다르고, 해당 업무를 어느 정도 잘하는지 구분할 필요가 있기 때문이다. 우리 사회에 이러한 직무능력과 관련한 차별어가 아직 생기지 않아 다행이다.

직업에 관한 어휘는 대부분 접미사를 통해 존중에 관한 어감이 달라진다. 따라서 여러 사람이 접미사를 고쳐 어휘를 변화시키려 했는데, 이 현상은 우리가 여전히 직업의 귀천을 따지는 인식에서 벗어나지 못했다는 이야기

이기도 하다. '-사'가 붙으니 더 전문적이고, '-원'이 붙으니 그렇지 않다고 인식하는 식이다. 이러한 말에 대한 인식 자체가 직업 차별 의식에서 자유롭지 못해 일어난다. 그 일이 좀 더 전문적이면 어떻고 일반적이면 어떤가. 전문적인 것이 좋고 그렇지 않은 것은 덜 좋다는 인식을 떨쳐내지 않으면 우리 사회에는 평등에 관한 인식이 정착하기 어렵다. 직업을 바라보는 평등 인식이란 인간은 누구나 평등하므로 모든 일이 더 낫거나 못한 것 없이 고르고 소중하며, 우리가 사는 데 필요하니 가치 있게 인정받아야 한다는 의미다.

과거에는 연예인을 하대하는 '딴따라'라는 표현이 흔히 쓰였다. 그래서 이 말을 들으면 지시되는 사람들이 불편해하지 않을까 걱정되기도 했다. 이제는 연예인들이 당당히 자신을 딴따라라고 부르기도 한다. 그럴 수 있는 이유는 직업에 자긍심이 있기 때문이다. 즉, 누가 어떻게 부르는가에 연연할 필요 없이 자신의 일에 의의를 두고 귀한 직업으로 인식하면 그만이다. 물론 이처럼 자긍심 하나로 차별어에 대한 인식을 바꾼 예는 우리 사회에서 매우 드물다. 농담이든 진담이든 누군가의 직업을 하대하는 일은 사라져야 한다는 명제를 어떤 경우에도 양보해서는 안 된다.

우리는
왜 차별하며
살았을까

앞에서 다양한 차별 사례를 살펴봤다. 이 외에도 차별 행위를 곳곳에서 볼 수 있고, 외모 차별어, 가족 차별어, 장애 차별어 등이 참으로 많은 영역에서 쓰인다. 심지어는 누가 뭘 잘한다는 점도 차별한다.

외모 차별어로는 단추 눈깔, 뚱보, 뚱녀, 왕폭탄, 가슴껌, 오징어, 옥떨메, 키작남, 숏다리, 꺽다리 등이 있다. 키가 작다고 뭐라 하고 크다고 뭐라 하니, 참 그렇게 할 일이 없고 남에게 관심이 많냐고 묻고 싶다. 외모는 타고나는 것이고, 타고난 것은 자연스러운 것이다. 자신의 모습 그대로가 자기 자신이다. 그러므로 타인의 외모에 대해 이러쿵저러쿵하는 것은 사생활 침해일뿐더러, 예의 바르고 쓸모 있는 대화 소재가 못 된다. 특히 누가 못났다는 말을 삼가고, 누가 잘났다고 말하고 싶을 때라도 그 말이 다른 누군가를 차별하는 듯하면 하지 않는 것이 좋겠다.

가족 차별어도 있다. 예를 들어 '시댁'과 '처가'라는 말을 흔히 쓰는데, 시부모의 집을 '댁'으로 높이고 아내의 친정은 '댁'보다 존칭의 뜻이 적은 '가'를 붙인다. 그래서 '시댁'도 '시가'로 고쳐 쓰는 경우가 많다. '외가'와 '친가'도 있다. '외'는 바깥이라는 뜻이고 '친'은 친하다는 뜻이니 어머니의 집을 아버지의 집보다 낮추는 의미가 있다. 그래서 외가는 어머니 본가로, 친가는 아버지 본가로 부르자는 의견이 제시되었다. 또한 '친할머니'와 '외할머니', '친할아버지'와 '외할아버지'에서 '친'과 '외'를 빼고 그냥 할머니와 할아버지로 부르자는 의견도 제시되었다. 남편과 아내가 배우자를 지시할 때 '바깥사람', '안사람', '집사람' 등으로 부르는데, 모두 '배우자'로 부르면 될 일이다.

남편이 아내의 남동생을 부를 때는 '처남'이라고 하고, 아내가 남편의 남동생을 부를 때는 '도련님'이라 하는 것도 평등하지 않은 차별이다. 또 남편이 아내의 여동생을 부를 때는 '처제'라고 하고, 아내가 남편의 여동생을 부를 때는 '아가씨'라고 하는 것도 평등하지 않은 차별이다. 남편이 아내의 아버지와 어머니를 지시할 때는 '장인', '장모'라 하고, 아내가 남편의 아버지와 어머니를 지시할 때는 '아버님', '어머님'이라 하는 것도 평등하지 않다. 아내나 남편이 배우자를 지원할 때 '내조'와 '외조'라는 말을 쓰는데, 집 안과 집 밖이라는 경계를 구분 지을 일이 아니므로 '배우자의 지원'으로 표현하는 것이 좋다.

우리 사회에는 장애 차별어도 많다. 방역 당국이 코로나19 바이러스 전염을 '깜깜이 감염'으로 불렀다가 장애를 차별한 표현임을 인식하고는 '감염 경로 불명'으로 고친 적이 있다. 장애 차별을 신중하게 인식한 좋은 사례이다. 그러나 우리 사회에는 깊이 반성할 사례가 더 많다. 장애인을 표현하던 단어로 벙어리, 귀머거리, 절름발이 등이 있다. 이 단어들의 어원 자체에 비하하는 뜻이 있는 것은 아니었지만 과거에 수많은 장애인을 비하한 사연들과 함께 문맥에 비하하는 뜻이 담기게 되었다. 최근 언론 보도에서도 해당 단어가 좋지 않은 상황에 쓰이면서 차별하는 뜻이 덧붙여졌다. 예를 들어 "북한 미사일 도발에는 벙어리가 되어버렸다" 같은 표현은 북한의 미사일 발사를 두고 한마디도 못 하는 우리 정부의 무능을 질타하는데, 여기에 벙어리라는 단어가 비유적으로 쓰였다. 이 비유가 얼마나 매정한가는 조금만 생각해봐도 알 수 있다. 벙어리는 말할 능력이 있음에도 말하기를 회피하는 사람이 아니기 때문이다.

언론 매체는 기사에서 속담을 인용하는 방식으로 차별 표현을 드러내곤 한다. "국세청이 벙어리 냉가슴을 앓고 있다"라는 표현은 우리 속담을 인용했는데, 속담 자체에 장애 차별이 깃들어 있다. 이 문장은 "국세청이 말 못 할 고민에 빠졌다" 정도로 고쳐 표현하면 좋을 것이다. "위기 대응 과정은 장님 코끼리 만지기 식이어서" 같은 문장은 "위기 대응 과정은 주먹구구식이어서"로 고치면 좋을 것이다. 또 "절름발이 내각으로 정권을 시작할 수밖에 없는"은 "엉성한 내각으로 정권을 시작할 수밖에 없는"으로 고치면 좋을 것이다.

장애를 표현하던 단어들은 매우 안 좋은 문맥에 사용되었으므로 이제는 사용을 금지해야 한다. 벙어리를 언어장애인, 귀머거리를 청각 장애인, 절름발이를 지체 장애인, 꼽추를 척추 장애인, 난쟁이를 왜소증 장애인, 농아를 청각 장애인 및 언어장애인, 저능아를 지적장애인, 봉사나 소경, 맹인, 장님을 시각 장애인, 정신분열증을 조현병으로 고쳐 부르는 예가 많아졌다. '문둥병'은 '나병'으로 수정되었고, 이어서 '한센병'으로 수정되었다. 한센병이란 이름은 나병균을 발견한 의학자 게르하르 아르메우에르 한센에서 따왔는데, 이렇게 고친 이름이 불치병이라는 개념을 관리할 수 있는 병으로 바꾸고 인권 의식을 높이는 영향을 미쳤다.

장애인이란 단어도 비난하는 문맥에서 사용한다면 역시 차별어로 전락할 수밖에 없다. 예를 들어 "정치권에는 와서 말하는 것을 보면 저게 정상인가 싶을 정도로 정신장애인들이 많이 있다" 같은 문장은 정신장애인을 비하하는 표현이다. 정신장애인은 치료를 요하는 질병을 겪는 사람이지 정치를 못하는 사람에 비유할 비도덕적이거나 무능한 사람이 결코 아니기 때문이다.

흔히 우리는 '결정 장애'라는 말도 많이 쓴다. 무언가를 결정할 때 주저하며 시간을 끄는 것을 표현한 것이다. 그러나 장애인이 들으면 매우 적절치 않은 말임을 쉽게 알 수 있다. 결정을 제대로 못 하는 것이 장애라면, 장애를 부족하고 열등하다고 인식하는 셈이다. 그러나 장애는 부족하고 열등한 것이 결코 아니다. "인생의 장애물을 극복하자" 같은 표현도 "인생의 걸림돌을 극복하자"로 바꾸면 좋을 것이다.

'파행'이란 말은 절뚝거리며 걷는다는 뜻이다. 그런데 이 말이 장애 증상이 아니라 일이 잘못되거나 이상하게 전개될 때 쓰이는 것이 문제다. "파행 국회", "파행으로 치닫는다" 같은 표현은 지체 장애를 하대하는 인식이 포함되어 있으므로 쓰지 말아야 한다. 법석을 떨며 분별없이 행동하는 사람을 표현하는 '지랄한다'는 뇌전증을 뜻하는 말과 관련 있으므로 쓰지 말아야 한다. 뇌전증은 뇌파에 의해 일시적으로 발생하는 신체적 이상일 뿐 분별력 없이 행동하는 증세가 아니기 때문이다.

또 '벙어리장갑'을 '엄지 장갑'이나 '손 모아 장갑', '눈먼 돈'을 '관리 안 되는 돈', '외눈박이의 시각'을 '왜곡된 시각', '외눈박이 방송'을 '편파 방송', '장님 코끼리 만지기'를 '주먹구구식', '절름발이 내각'을 '엉성한 내각', '절름발이 인재'와 '절름발이 지성인'을 '부족한 점이 있는 인재', '결격 사유가 많은 인재'로 고쳐 표현할 수 있다.

경험담이 하나 있다. 둘째 아이가 어렸을 때 학교에서 신기한 이야기를 들었다는 듯이 '애자'라는 말을 했다. 일부 학생이 뭔가 좀 이상하면 "애자 아냐?"라고 말하는 경우가 있었는데, '장애자'의 줄임말이다. 장애인이라는 사실만으로도 슬픈 사람과 관련하여 이처럼 언어 유희적으로 말을 만들고 웃기다는 듯이 사용하니 참으로 잘못된 일이었다. 1990년대 말 당시 내게는 그만한 인권 의식이 없었다. 그때 그 말이 잘못되었음을 가르쳐주지 않고 넘어간 일이 못내 미안하다.

우리 사회는 뭔가가 결여되거나 못살고 못하는 경우 차별하는 사례가 많은데, 반대로 잘하는 것에 대해서도 차별한다. 질문을 잘하는 사람을 '질문충'이라고 부르며 비꼰다. '물음표 살인마'도 자주 질문하는 사람을 조롱하는 말이다.

현대사회의 창의적 발명은 창의적 발상으로부터 시작되고, 창의적 발상은 숱한 질문으로부터 시작된다. 그래서 현대사회, 특히 4차 산업혁명 시대 사회에서는 질문력을 잘 갖추는 것이 중요하다는데, 그 영역을 하대할 일인가 싶다. 앞에서 살펴봤듯이 특정한 일을 못한다는 이유로 수많은 차별을 했다면 잘하는 사람은 차별하지 않아야 할 텐데, 잘해도 차별했으니 가슴에 손을 얹고 반성할 일이다.

'핑프'라는 말은, 인터넷에서 검색하면 금세 알 수 있는데 그러지 않고 무조건 물어보는 사람을 뜻한다. '핑거 프린스/프린세스'의 줄임말로, '손가락이 공주님/왕자님'이라는 뜻이다. 정보화 시대가 낳은 신조어이지만 대상을 평등하게 대하지 않고 조롱하는 어감이 있으니 차별어라고 할 수 있다. 대화 도중에 상대가 자꾸 질문하면 대화의 맥이 끊어져 불편할 수도 있지만, 어찌 됐든 몰라서 묻는 사람에게 누가 돌을 던지랴. 정보 검색을 잘하면서도 상대에게 자꾸 묻는 사람이 흔치는 않고, 인터넷에서 검색하면 정보가 나오니 남에게 물어서는 안 된다는 법도 없다. 다른 사람을 조롱하는 시선과 잣대로만 보면 정보화 시대의 대화가 무척 삭막할 것이다.

지금까지 수많은 차별 사례를 살펴보았다. 우리는 참으로 많은 것을 차별하며 살았다. 예전부터 내려온 차별 표현에 익숙해져서 자신도 모르게 사용하고, 각박한 세태 속에서 새롭게 생겨나는 차별어를 무의식적으로 사용한다.

삶의 중심을 어디에 두고 살아야 할까. 서로를 위하며 살아도 힘든 세상인데, 서로를 사랑하기에도 시간이 부족한데, 누군가를 차별하며 상처를 주면 안 되지 않겠나. 더욱이 이제껏 우리가 차별한 대상은 대부분 약하고 힘없고 소외되고 외로운 사람 아니었나. 요즘은 인터넷 해킹 조직들이 세계의 은행들을 해킹한다고 위협하는데, 우리는 정작 이런 악의 무리는 차별하지 않는다. 우리 모두 거대한 세력의 위협 속에 사는 '사람'이란 종의 구성원인데, 거대한 위협에는 꼼짝 못 하면서 소소한 것을 차별한다는 사실을 생각하면 나 자신이 치사하기 짝이 없다.

3장

차별어의
기준과
영역

어떤 말이 차별어인가 아닌가에 대한 기준은 대부분 명확히 정해지지 않았다. 따라서 사회에서 다양하게 쓰이는 차별어를 언어학적으로 고찰할 필요가 있다. 어떤 말은 여지없는 차별어지만 어떤 말은 그렇지 않다. 사전적 의미로 차별은 '둘 이상의 대상을 등급이나 수준 등에 차이를 두고 각각 구별하여 생각하고 말하고 행동하는 것'이다. 경우에 따라 두 대상을 드러내지 않으면서 적절한 이유 없이 한 대상을 비난하기도 하는데, 이 사례도 차별어로 간주한다. 적절한 이유가 없는 비난은 대상의 본질을 제대로 인식하지 않고 왜곡하는 행위이므로 본질과 인식 사이에 차등을 유발했기 때문이다. 상황이 같지만 맥락에 의해 차별성이 발생하는 경우도 있다. 일상에서는 문제가 되지 않지만 특정 문맥에서는 차별어가 되는 것이다.

이 문제들을 크게 의미성 관점과 의도성 관점, 그리고 맥락의 관점에서 검토하려 한다. 그리고 이 책에서 살펴본 여러 차별어를 영역별로 구분하여 제시하겠다.

어떤 언어 표현이 차별어인지 구분하는 일차적 기준은 의미성이다. 말에 차별하는 의미가 있으면 차별어라 할 수 있다. 예컨대 '줌마렐라'는 아줌마의 '줌마'와 신데렐라의 '렐라'를 합성한 단어로, 적극적이고 진취적인 성향에 경제적 능력까지 갖추었으며 아름다운 기혼 여성을 일컫는다. 흡사한 개념인 '미시'보다는 가정생활과 육아 경험이 약간 많은 계층을 가리킨다. 패션 등의 소비 시장에서 전략적 의도로 유행을 부추겼다고 볼 수도 있는 이 말은 무시하거나 비하하는 뜻이 없으므로 차별어로 간주되지는 않는다.

비하하는 뜻이 있으면 무조건 차별어인가 하면 그렇지는 않다. '쩍벌남'이란 단어가 쓰일 때가 있다. 대중교통 수단의 좌석에 앉을 때는 옆 사람에게 방해되지 않게 조심해야 하는데, 아무 신경 쓰지 않고 다리를 쩍 벌리는 남성을 비하하는 말이다. 다리를 벌리고 앉아 옆 사람에게 불편을 줘서 공중도덕에 어긋난다는 점을 지시하는 말이니 비합리적 비난은 아니다. 그래서 단어의 뜻이 좋지는 않으나, 과일반화하여 마음에 들지 않는 사람을 폄하하는 데 쓰지 않는 한 차별어 범주에 넣지 못할 것이다. 그러나 대중교통 좌석을 이용할 때 공중도덕을 지키자고 기술하지 않고 쩍벌남이란 명칭을 만든 것 자체는 차별어가 될 소지가 있다는 점을 주의해야 할 것이다.

그렇다면 의미적으로 명백히 차별어라 할 수 있는 사례를 살펴보자. 의미성의 관점에서 설명할 수 있는 단어로 '미망인'과 '매춘'을 들 수 있다. 이 단어는 화자의 의도와는 상관없이 형성될 때부터 차별적 뜻이 개입되어 있다. 미망인의 '미망'은 아직 죽지 않았다는 뜻이니 너무도 혹독한 차별의 의미가 있다. 매춘의 '매'는 판다는 뜻이니 매춘 행위에 참여하는 남성과 여성 중 여성만 지시하는 단어가 되어 차별성이 있다. 이런 단어의 의미를 몰랐으나 문제가 있음을 인식했다면 앞으로 사용하지 않도록 노력하면 될 것이다.

'386세대'라는 말도 흔히 사용되었다. 이 말에는 대학 졸업자 중심의 사고가 포함되어 있다. 즉, 30대의 나이, 1980년대 학번, 1960년대 출생을 뜻하니 대학을 나오지 않은 이 시기 사람을 배제한 말이다. 또한 대학가에서 민주화 학생운동을 경험한 사람들을 일컫는 말로 사용되었으니 당시의 모든 대학생이 포함된 것도 아니다. 그럼에도 불구하고 386세대를 1960년대에 출생한 사람들의 통칭으로 사용했으니 의미적으로 잘못된 동시에 차별적 의미가 있다고 할 수 있다. 386세대라는 말을 쓴 사람이 누군가를 차별하려 하지는 않았겠지만 의미성 관점에서는 차별이 포함돼 있다.

'낙제생', '열등생', '저능아', '미숙아', '사생아', '잡놈', '잡상인', '촌놈', '불법체류자', '신용 불량자' 등의 단어는 의미에 이미 차별이 내재되어 있다. 낙제, 열등, 저능, 미숙, 잡, 놈, 불법, 불량 같은 단어는 이미 뭔가가 잘못되었음을 뜻하기 때문이다. 뭔가가 잘못되었음을 표현하는 것 자체에 차별성이 있는 것은 아니다. 그 뜻을 사람을 수식하는 데 사용하여 낙인찍는 것이 비합리적이고 불평등하다는 것이다. '-원', '-부'처럼 한자 한 글자의 의미에 차별성이 있는 것도 있고 단어 자체에 겉으로 분명히 드러나는 의미적 차별도 있다. 이런 경우 의미성의 요인에 의한 차별이라고 간주된다.

02 | 의도성

의미성 관점과 달리 의도성 관점은 어떤 단어를 사용하는 화자에게 누군가를 차별하려는 의도가 있는지 없는지를 기준으로 삼는다. 의미적으로 차별성이 있어도 모르고 쓴다면 의도성이 없다고 할 수 있다. 의미적으로 차별성이 있음을 알고도 사용한다면 의도성이 있다고 할 수 있다. 또한 단어는 차별성을 띠지 않지만 화자가 차별하는 의도로 씀으로써 차별어로 전락하는 경우도 있다. 여기서는 이러한 경우들을 살펴보겠다.

한국 사회는 '우리'라는 말을 참으로 자주 사용한다.

나도 이 책에서 '나'라는 말보다 이 단어를 더 선호했다. 여기에는 나 자신을 내세우지 않으려는 조심스러움과 일종의 겸손이 곁들여 있다. 또한 모든 사람이 모여 동병상련의 정을 느끼니 모두가 우리가 아니고 무엇이겠나 하는 생각이 들어 있다. 그러나 우리라는 단어는 심각한 차별어가 되기도 한다. 누군가를 배제할 때가 그렇다. '끼리'를 붙이면 차별이 더 크게 드러난다. 굳이 끼리라는 말을 붙이지 않아도 누군가를 배제하는 상황에서 우리라는 말을 쓰면 차별어가 된다. '우리'라는 말 자체에는 의미적 차별성이 없지만 의도성 때문에 차별어가 될 수 있다.

'다문화'라는 말도 그렇다. 다문화 사회는 인종, 민족, 계급 등이 다른 여러 집단의 문화가 함께 존재하는 국가나 사회다. '다문화주의'는 다양한 문화나 언어를 하나로 동화시키지 않고 공존하며 서로 존중하도록 하는 사고다. 다문화에는 당연히 한국도 포함된다. 다문화란 특정 중심을 설정하지 않고 여러 문화를 공평하게 부르는 말이기 때문이다. 그런데 우리는 외국에서 한국에 와서 정착한 사람들을 다문화라고 부른다. 이렇게 부르는 것 자체가 큰 문제인 것은 아니지만, 이들을 그리 존중하지 않는 배타적 분위기가 함께 작용하면 문제가 된다. 그래서 한때는 외국인들이 다문화라는 말을 꺼리기도 했다. 그러나 다른 표현보다는 다문화란 말을 사용하는 것이 좋다는 의견이 다시 제시되어 널리 쓰이고 있다. 다문화에는 한국도 포함된다는 점을 깨닫고, 모두가 동일하게 존중받아야 할 존재임을 잊어서는 안 된다.

앞에서도 말했듯이 봉준호 감독의 영화 〈기생충〉에는 여러 상징적 소재가 등장한다. 그중 "냄새난다"라는 표현은 냄새를 맡은 인물이 별 뜻 없이 언급했을 뿐이었는데, 듣는 당사자에게는 심한 멸시와 모욕이 되었다. 그렇게 시작된 상황은 최악의 사태로 치달을 때 극악한 행동을 불러일으키는 기화점이 되었다.

이때 "냄새난다"라는 말은 차별하는 의도가 없었으니 차별어가 아니었다고 할 수 있을까? 결코 그렇게 말할 수 없다. 화자의 의도와 상관없이 상대방이나 제삼자가 들었을 때는 차별하는 화자의 인식이 배어 있었다고 간주할 수 있다. 이때 그럴 의도가 없었다는 주장은 무책임한 태도로 보인다. 그 이유는 빈부 격차에 대한 사회적 인식이 없는 것 자체가 이미 현대인의 결격 사유가 되기 때문이다. 우리가 사는 세상이 인권을 존중해야 한다는 데 모두 공감하고, 거기에는 나도 관여되어 있으며, 내가 많은 것을 가졌고 많은 것을 누리고 있다면 사회적 책무도 크다는 것을 깨닫고 누구도 차별받아서는 안 된다고 인식하며 살아야 한다. 인권 의식이 높은 사회에서는 그 정도의 사회적 책무를 인식하며 사는 것이 맞다.

우스갯소리도 상대에 따라 심한 차별어가 될 수 있다는 것도 알아야 한다. 한식을 좋아하는 사람이 "너는 왜 촌놈처럼 만날 한정식 타령이야?"라는 말을 들으면 인격 모독을 느낄 것이다. 화자가 놀리고 차별할 의도가 없었다고 해도 말을 들은 사람은 이미 차별받은 것이다.

가족 간에도 차별 표현을 사용하는 경우가 많다. 가족과 친척들이 모였는데 부모가 자녀에게 "너는 빨리 방에 들어가서 공부나 해"라고 말하는 상황을 생각해보자. 이때 자녀는 소외감과 수치, 불쾌감을 느낄 것이다. 하지만 우리는 살면서 이런 식으로 누구를 소외하거나 누구로부터 소외당하는 경우가 많다.

한국 사회는 언어 유희적으로 재미있는 신조어가 무척 많이 등장한다. 새로운 말을 자유롭게 만들어낼 수 있는 한글의 특징 때문에 더욱 그러하다. 앞에서 살펴본 '-린이', '-충' 등이 일례다. 아직 차별어로 간주되지 않은 언어 유희적 신조어도 많다. 예를 들어 '품절남'은 이미 결혼하여 더 이상 이성으로 접근할 수 없는 남자를 뜻한다. 이 말은 줌마렐라처럼 부러움을 표할 때 쓰인다. 그런데 단어의 뜻이 좋으니 차별어가 될 우려가 전혀 없을까. 그렇지는 않을 것이다. 이렇게 지시되는 대상이 언젠가 질투의 대상이 되어 나쁜 의미가 달라붙을 수도 있다. 즉, 한 표현의 의미성이 어떠하더라도 말하는 사람의 의도성에 따라 언제든 차별 표현이 될 소지가 있음을 기억하면 좋겠다.

차별어에는 어원적으로 차별성이 개입하여 우리가 잘 모르면서 사용한 단어가 있는가 하면, 의미적으로 차별성이 명백해도 인권 의식의 부재 속에서 사용한 단어도 있다. 노골적으로 차별하는 의도적 차별어가 있고, 의도적이지 않게 사용하는 차별어도 있다.

의미성 요건과 의도성 요건에서 차별로 간주할 수 있는 주요 요인은 인간 평등을 간과한 인식, 인간을 인간답게 대하지 않는 비인격적 인식과 대우, 비합리적 비난과 부정, 상대의 아픔을 간과한 채 상처 주는 무례함, 경쟁심 속에서 빚어지는 멸시와 비논리적 인식 등이다.

03 | 맥락

앞에서 살폈듯이 말의 사전적·어원적 의미로 인해 차별성이 생기기도 하고, 화자의 심리에 차별하는 의도가 있어서 차별성이 결정되기도 한다. 이 외에도 맥락의 관점에서 살펴볼 문제가 있다. 맥락이란 관련 내용들이 연결되어 이루어지는 관계인데, 차별어냐 아니냐는 맥락에 의해서도 결정될 때가 많다.

예를 들어 백인에게 백곰 같다고 표현하면 차별적 의미를 느끼지 않는다. 그저 하얀 피부색과 곰이 지닌 어떤 이미지를 비유했다고 생각한다. 반면 흑인에게 흑곰 같다고 말하면 차별적 의미를 느낀다. 왜냐하면 피부색이 검다는 이유로 많은 핍박을 받아온 상황에서 또다시 아픔이 가해지기 때문이다.

'마누라'라는 말은 어떤 맥락에서 쓰이느냐에 따라 의미가 상당히 달라진다. 어떤 가정에서는 아내의 애칭으로 쓰면서 존중하고 사랑하는 맥락이 형성될 수도 있다. 어떤 가정에서는 아내를 존중하지 않고 마구 불러대는 맥락이 형성될 수도 있다. '여편네'가 어떤 경우에든 좋은 말이 될수 없는 것과는 다르다.

비대칭적 성 불평등어로 지적한 '여-', '여류-', '여자-'가 붙는 호칭도 굳이 구별하지 않아도 될 때 사용하면 차별어의 어감을 띠지만, 남자와 여자를 구분하여 유표성(有標性)을 나타낼 필요가 있는 경우도 있다. 가령 "오늘 봉사활동에서는 남자 직원과 여자 직원의 숙박동이 다릅니다"와 같은 말에서는 '여자 직원'이 차별어로 쓰이지 않았다고 볼 수 있다.

말을 형성하는 단어 각각에 차별하는 의미가 없더라도 해당 단어들이 차별성을 포함하는 맥락에 쓰이면 차별표현이 될 수 있다. 예를 들어 '서울'은 대한민국 수도로서의 도시를 지시한다. 그런데 "서울 입성을 축하합니다"라고 말하는 순간 서울은 지방과 차별되는 도시로 지시된다. 서울 입성을 축하한다는 것은 지방에 살면 좋지 않다는 차별을 내포하기 때문이다. '여자'라는 말도 그 자체는 차별어가 아니지만 "여자가 과일 하나 못 깎아서 어떻게 하냐"라고 말하면 차별 표현이 된다. "암탉이 울면", "어디서 여자가", "머리에 피도 안 마른 것이" 같은 말 자체에는 차별어가 들어 있지 않지만 쓰이는 맥락에는 엄청난 차별이 존재한다. 사춘기나 치매라는 단어 자체에는 차별의 뜻이 없지만 "쟤 사춘기인가 봐" 또는 "너 치매니?"라고 말하는 문맥에서는 차별 표현이 된다. 부정적 인식을 강화하는 데 사용했기 때문이다.

얼마 전 한 정치인이 '외눈'이란 말을 사용한 후 여러 얘기가 오고갔다. "외눈박이식 결정", "양 눈으로 보도" 등의 말이 문제가 된 것이다. 이에 대해 화자는 양 눈을 모두 뜬 경우와 한쪽 눈을 감은 경우를 구분하여 언론과 재판부의 일을 표현하는 맥락으로 말했다고 해명했다. 그러나 문맥상 시각 장애인을 비하하지 않았다 해도 이미 부정적 의미에 외눈이라는 말을 썼기 때문에 차별의 의도가 개입되었다고 할 수 있다. 외눈이란 단어는 한 눈에 장애가 있다는 뜻이니, 한 눈을 감은 상태를 표현했다 해도 부정적인 의미로 사용한 것은 분명하다. 우리가 사용하는 말 중 장애, 인종, 소수자 등 엄연히 누군가가 차별받고 있는 단어들은 차별이 없는 맥락으로 썼다고 주장하기 어려우니 주의해야 한다.

또한 특정 단어가 맥락에 따라 차별 표현이 되기도 하니 주의해야 한다. 예를 들어 '장애를 앓고 있는'은 차별 표현이므로 '장애를 가진', '장애가 있는'으로 표현해야 한다. 왜냐하면 장애는 질병이 아니기 때문이다. 장애를 결정 장애라는 말 등에 써서도 안 된다. 요즘 많은 사람이 농담하듯 잘 쓰는 말이지만, 장애인은 부족하고 열등한 존재라는 차별성이 담겼기 때문이다. 대신 '우유부단하다'라고 표현하면 된다. '눈먼 돈'은 '대가 없이 얻은 돈'으로, '앉은뱅이 의자'는 '낮은 의자'로 고쳐 불러야 한다.

뜻이 비슷하더라도 차별이 개입한 정도가 달라지는 표현도 있다. 이것도 맥락의 관점에서 결정되는 차별 표현이라 볼 수 있다. 예를 들어 '분식 회계'는 기업이 부당한 방법으로 자산이나 이익을 부풀려 계산하는 회계를 뜻한다. 이런 뜻에 사용되는 '분식(粉飾)'은 분을 발라 꾸민다는 뜻, 즉 화장한다는 뜻이다. '분식 회계'에서는 분식이 좋지 않은 맥락으로 쓰였다. 내용이 없지만 겉으로 꾸며서, 예컨대 경영 성과가 실제보다 좋아 보이도록 회계장부의 정보를 조작하는 행위 따위를 지시한다. 한자 뜻으로 보면 화장하는 행위라는 뜻이니 화장을 부정적으로 사용한 것이다. 왜 화장을 부정적으로 봤을까?

반면 '민낯'이란 말은 '민낯을 드러낸다'라는 식으로 사용하여 역시 좋지 않은 뜻을 드러낸다. 민낯은 화장하지 않은 얼굴이다. '분식 회계'와 '민낯을 드러낸다'라는 두 표현에는 화장을 하는 것도 안 하는 것도 모두 못마땅하게 여기는 인식이 숨어 있다. 화장하는 것은 사실을 가리는 일이고, 안 하는 것은 사실을 그대로 드러내어 치부를 보인다는 식의 발상이다. 세상일을 이처럼 부정적으로 본다면 과연 정당한 일은 어디에 있을까.

반면 '생얼'은 어떨까? 화장하지 않은 맨 얼굴을 뜻하는 '생얼'은 화장하지 않아도 예쁜 얼굴을 지시할 때 쓰인다. 같은 상태를 지시하더라도 민낯과 생얼은 참으로 다른 내포적 의미를 지닌다.

이야기가 빗나가는 것 같지만, 사실 화장은 개인의 자유이므로 좋거나 나쁘다는 가치 판단이 개입될 상황이 아니다. 화장한 얼굴과 안 한 얼굴이 달라 보인다거나, 어느 쪽이 더 좋고 더 나쁘다는 것은 우리가 오랫동안 지녀온 편견의 산물이자 착각 아닐지. 왜 여성은 공식 모임에 참석할 때 꼭 화장을 해야 하나. 다른 사람의 얼굴에 대해 이러쿵저러쿵 말하는 것 자체가 차별적 어감을 띤다. 분식 회계와 민낯을 드러낸다는 두 표현에 작용하는 상반된 이중 잣대에는 여성이 이렇게 해도 비난하고 싶고 저렇게 해도 비난하고 싶은 의도가 숨어 있는 것 아닐까. 어쨌든 분식 회계와 민낯을 드러낸다는 표현은 단지 해당 단어가 그 맥락에 쓰였으므로 차별의 의미를 지녔다고 볼 수 있다. 화장을 하든 안 하든 좋고 나쁨을 따질 수 없는데도 화자 마음대로 맥락에 따라 부정적으로 썼기 때문이다.

참고로 언론에서는 분식 회계를 '회계 사기', '부정 회계'로 바꾸어 부르기도 하지만, 아직도 몇몇 기관은 분식 회계를 공식 용어로 사용하고 있다.

우리가 살펴본 많은 차별어는 사회에서 주류가 되지 못하고 힘이 약하거나 지배받은 부류와 밀접한 경우가 많다. 어린이, 여성, 노인, 장애가 있는 사람, 외국인, 가진 재물이 적은 사람 등 모두가 그 부류였다. 이들의 아픔을 헤아리지 않고 아무 단어나 쓰면 그러한 맥락 때문에 차별어가 될 수 있다.

앞에서 언급했지만 과거에 '딴따라'는 광대를 지시하

며 놀리듯 표현한 말이었다. 공부는 안 하고 노는 데만 신경 쓴다는 보수적인 생각의 틀에서 이 말을 사용했지만, 현대에는 연예인들이 당당하게 자신을 딴따라라고 일컫거나 딴따라 정신을 얘기하기도 한다. 수많은 젊은이가 연예인이나 예능인이 되고 싶어 하고 진로 1순위로 꼽으면서 과거에 핍박받던 시절과는 180도 달라졌다.

'퀴어'라는 말도 그러했다. 본래 '기묘하다'라는 의미였던 이 단어는 동성애자나 양성애자, 성전환자 등 성적 소수자들을 통틀어 이르는 말로 사용되었다. 과거에는 퀴어로 이들을 지시하는 것이 일종의 차별로 간주되었다. 그러나 이제는 이들이 자신의 사회적 권리를 주장하며 퀴어 축제를 개최하는 등의 활동을 통해 퀴어란 말을 당당하게 사용하고 있다. 물론 아직 사회적 시각이 보편화하지는 않았지만, 차별성이 있던 단어가 당당하게 그들 자신이 내거는 이름이 된 과정은 맥락에 대한 관점과 밀접하다.

차별어가 형성되는 과정에는 특징적인 맥락이 작용한다. 허영심 많은 여자는 '김 여사'로, 남자의 돈으로 사치하는 여자는 '된장녀'로 불렸다. '김 여사'와 '된장녀'가 너무도 자주 쓰이자 여자들이 남자 중에는 그런 사람 없느냐며 '한남충(벌레 같은 한국 남자)', '고추장남' 등의 용어를 만들었다. 그러자 이번에는 남자들이 '한녀(한국 여성)'라는 말을 만들었다. "여자는 삼 일에 한 번 때려야 한다"라는 속담을 줄인 '삼일한'을 남자들이 쓰자 여자들은 남자에게 적용되는 '숨쉴한'을 만들었다. '남자는 숨 쉴 때마다 한 번씩 때려야 한다'라는 뜻이다. 다리를 벌리고 앉은 여성을 '쩍벌녀'라고 하자, 대중교통에서 다리를 벌리고 앉는 남자를 비난하는 '쩍벌남'이 등장했다. 이처럼 차별어가 등장하는 맥락을 '미러링', 즉 따라 하기라고 하는데, 이런 상황을 보면 서로 대립하는 사회에서는 끊임없이 차별어가 등장할 듯한 예감이 든다.

앞의 2장에서는 어리다고 차별하고, 못한다고 차별하는 등의 동기를 중심으로 차별어를 살펴보았다. 여기서는 의미 영역을 중심으로 유형을 분류하여 정리하겠다. 여기 제시한 예들은 대체로 앞 장의 각 절에서 다루었다.

영역 분류	차별 내용	차별어
성차별어	노골적 여성 비하	계집애, 마누라, 여편네, 이년, 저년, 그년, 쌍년, 개쌍년, 부엌데기, 솥뚜껑 운전수, 중고, 미친년
	노골적 남성 비하	개저씨, 기생오라비, 쌍놈, 쌍놈의 새끼, 개자식, 미친놈, 미친 새끼, 잡것, 잡놈

성차별어	비대칭적·불평등적 성 강조	여의사, 여기자, 여직원, 여행원, 여사장, 여군, 여교사, 여교수, 여간첩, 여걸, 여경, 여대생, 여중생, 여고생, 여공, 여교장, 여배우, 여비서, 여사무원, 여사원, 여선생, 여스님, 여승, 여승무원, 여신, 여신상, 여신도, 여신자, 여신동, 여왕, 여장군, 여장부, 여전사, 여점원, 여종, 여주인, 여주인공, 여걸, 여류 문인, 여류 시인, 여자 죄수, 여자 상사, 여자 장군, 남간호사, 남자 미용사
	호명 순서	부모, 남녀, 1남 1녀, 자녀, 남매, 신랑신부, 장인장모, 선남선녀, 미혼 남녀, 아들딸, 딸 아들
	특정 성에 대한 책임 전가	매춘, 매춘부, 꽃뱀, 내연녀, 동거녀
	여성 배제	샐러리맨, 세일즈맨, 삼성맨, 영업맨, 학부형, 잠수부, 어부, 우체부, 형제애, 형제 나라, 건국의 아버지, 효자 상품, 신사협정, 소년원
	남성 배제	녹색어머니회, 보모, 유모, 유모차, 주부, 여성 전용 주차장, 자매결연, 모교
	불평등한 성 고정관념	처녀작, 처녀림, 처녀생식, 처녀 출전. 처녀비행, 처녀항해, 집사람, 바깥양반, 직장맘, 내조, 외조, 미망인, 과부, 처녀, 여성적 어조, 남성적 어조, 소녀 감성, 여자가 재수 없게, 감히 여자가, 여자가 하면 얼마나 한다고, 암탉이 울면 집안이 망한다, 남자는 여자 하기 나름
신체 차별어	장애 비하	벙어리, 절름발이, 귀머거리, 맹인, 소경, 장님, 애자, 난쟁이, 병신, 외눈, 외눈박이, 애꾸눈이, 정상인, 파행, 지랄한다, 깜깜이, 반팔 티, 외발자전거
	외모 비하	뚱보, 뚱녀, 숏다리, 키작남, 말라깽이, 가슴껌, 단추 눈깔, 오징어, 옥떨메, 왕폭탄

신체 차별어	외모 강조	몸짱, 얼짱, 섹시, S 라인, 쭉쭉빵빵, 관능미
인종 차별어	특정 인종 비하	검둥이, 흑형, 잡종, 유색인, 유색인종, 조선족, 백인, 흑인, 황색인, 똥남아, 코시안, 튀기, 양키, 코쟁이, 혼혈아, 짱깨, 깜순이, 시커먼스, 토종 한국인, 오랑캐
종교 차별어	특정 종교 비하	개슬람, 개독교, 땡중, 무당질, 점쟁이, 먹사
국적 차별어	자국 중심적 사고	교포, 동포, 재외국민, 코시안, 불법체류자, 불법 이주민
	자국 비하	헬조선, 국평오
지역 차별어	타 지역 비하	멍청디언, 전라디언, 이북 떨거지, 멍청도, 깽깽이, 개쌍도, 개쌍도 경상민국, 홍어족, 라도, 서울깍쟁이
	지방 비하	촌놈, 촌 것, 촌사람, 시골 놈, 시골 사람, 지잡대
	차별적 구분	인 서울, 강남/강북, (서울) 올라가다/(지방) 내려가다
직업 차별어	부적절한 지시	간호원, 청소부, 주부, 가정주부, 잠수부, 어부, 농부
	직업 비하	잡상인, 봉급쟁이, 노가다, 잡역부, 막일꾼, 막노동꾼, 도배장이, 용접공, 인쇄공, 정비공, 보험 외판원, 보험 아줌마, 화장실 미화원, 장의사, 간수, 레지, 견습사원, 구두닦이, 때밀이, 신문팔이, 가정부, 파출부, 수위, 집달리, 경비원
경제 차별어	경제 상태 비하	신용 불량자, 이백충, 흙수저, 금수저, 영세민, 후진국, 노점상, 잡상인, 달동네, 쪽방촌, 불우 이웃, 부랑인, 노숙자, 노숙인, 문화 소외 계층

신분·특정 행동 차별어	행동 상태 비하	라떼, 꼰대, 꼰대 라떼, 생선, 하층민, 맘충, 민폐맘, 진상맘, 한남충, 한녀, 게임충, 트롤, 아랫것, 민폐녀, 된장녀, 고추장남, 쩍벌녀, 쩍벌남, 아싸, 상것, 상놈, 식충이, 삼식이
능력 차별어	능력 비하	루저남, 무능력자, 찌질이, 낙제생, 열등생, 저능아, 바보, 멍청이, 오합지졸, 무능력자, 덜떨어졌다
	잘하는 것 비하	질문충, 물음표 살인마
출생 차별어	출생 비하	사생아, 미숙아, 혼혈아, 서자, 저출산
가족 차별어	비대칭적 지시	시댁/외가, 도련님/처제, 아주버님/처남, 아가씨
	부적절한 지시	결혼가정, 결혼가족, 다문화, 친가/외가, 바깥사돈/안사돈, 집사람, 안사람, 바깥양반, 미혼모, 미혼부, 편부, 편모, 편부모, 편부모 가정
세대 차별어	세대 비하	삼포 세대, 요즘 아이들, 요즘 것들, 베이비 붐 세대, 에코 세대, 머리에 피도 안 마른 것들
성 소수자 차별어	성 소수자 비하	레즈 같다, 호모 같다, 게이냐, 똥꼬충, 젠신병자
입시 차별어	경쟁 상대 비하	수시충, 정시충, 편입충, 지균충(층), 기균층(층)
이념 차별어	부적절한 과일반화	보수 꼴통, 수꼴, 좌파 좀비, 좌좀, 좌파, 우파, 빨갱이
생애 주기 차별어	어린이·청소년 비하	주린이, 부린이, 요린이, 헬린이, 잼민이, 급식충, 어린것들, 젖비린내 난다, 조막만 한 게, 머리에 피도 안 마른 것들이, 너 사춘기냐?
	노인 비하	틀딱, 틀딱충, 늙은이, 중늙은이, 뒷방 늙은이, 할망구, 노친네

사람 외 차별어	자연· 상태·장소· 행위 차별	자연보호, 분식 회계, 민낯, 살색, 여성 전용 주차장, 노점상, 막일, 막노동

표의 내용 중 몇 가지만 언급하겠다. 성차별어의 경우 많은 어휘가 여성을 차별하고 있음을 알 수 있다. 노골적 비속어가 있는가 하면, 발생하는 과정에서 자연히 생겨나 당연한 듯 사용되는 어휘도 있다. 비대칭적 여성 강조는 굳이 성별을 가를 필요가 없는 상황인데도 특정 일을 하는 사람이 여자임을 표현하는 것이다. 여자 상사든 남자 상사든 그냥 상사라고 하면 되는데 '여자'를 굳이 붙인 말은, 상사는 당연히 남자라는 인식이 작용했기 때문에 불평등한 차별어다.

여자를 먼저 부르는가, 남자를 먼저 부르는가도 문제가 된다. 두 대상을 동시에 부르려면 당연히 하나는 뒤에 놓이므로 해결책이 없긴 하다. 남자를 일색으로 앞세운 수많은 어휘는 사회에 전통적으로 깔린 여성 차별을 더욱 부각한다. 한국어뿐 아니라 영어 등 다른 언어도 이런 사정은 마찬가지다. 영미권에서는 연설문에서 한 번은 남자를 먼저 부르고 한 번은 여자를 먼저 부르자는 방안이 제시되기도 했다.

시대 변화에 따라 많은 사람이 여자와 남자가 모두 관여되는데도 한쪽 성을 배제한 차별어들이 있음을 인식하게 되었다. 학부형은 학생의 아버지와 형이라는 뜻이니 부모 모두를 표현한 '학부모'로 수정되었고, 학생의 보호자가 반드시 아버지와 어머니인 것은 아니므로 '보호자'로 고치자는 안도 제시되었다. 녹색어머니회는 학생들이 등하교하는 시간에 건널목에서 안전을 지키는 일을 맡은 단체이다. 학생 아버지나 할머니도 단체에 참여하므로 '통학로 지킴이'나 '통학로안전봉사회' 등으로 대체하자는 안도 제시되었다.

불평등한 성적 고정관념 때문에 앞에 '처녀'가 붙은 복합어는 여성의 성적 순결만을 중시하는 관념이 개입된 차별어다. 또한 여성을 남성에게 속박된 존재로 보는 인식, 여성은 집에만 있는 사람이라는 인식이 차별에 해당한다. 남성적 어조, 여성적 어조, 소녀 감성 같은 표현에도 인간의 개인차를 무시하고 고정관념에 사로잡힌 차별이 포함되어 있다.

주로 백화점에 정해져 있는 여성 전용 주차장은 남성을 배제한 단어이다. 여기에는 많은 고객이 여성인 것을 감안하여 환심을 사려 한 백화점의 전략이 한몫하고 있다.

그래서 여성 우선 주차 구역 정도로 표시하거나 아예 없애는 것이 성 평등 취지에 맞다고 생각하며 불만을 표하는 사람이 꽤 많다. 여성 전용 주차장은 언어 표현의 문제라기보다는 제도의 문제이다. 소비를 촉진하기 위해 백화점이 이 제도를 만들었고 표현하는 말이 생겨났으니 관련 제도의 평등성을 따져볼 필요가 있다.

출생과 관련된 차별어 '사생아'는 법률적으로 부부가 아닌 남녀 사이에서 태어난 아이를 지시한다. 한자를 보면 '사(私)'는 개인적이고 사사로운 것이라는 뜻이다. 한 아이의 출생을 두고 이렇게 못 박듯 표시하는 것은 비인간적이다. 대체어를 찾을 필요도 없이 이 말은 사용을 금지해야 한다. '미숙아'는 예정보다 조금 일찍 태어난 아기를 모자란다고 표현한 말이니 잘못되었다. 이 말의 대체어로 '이른둥이'가 제안되기도 했다. '서자'는 원래 양반과 양민 여성 사이에서 태어난 아들을 뜻하는 말로, 반대말은 '적자'이다. 양반과 양민의 구분이 사라진 현대사회에서는 본처의 자식이 아닌 아이를 지시한다. 서자라는 말도 대체어를 찾을 필요없이 사용하지 않아야 한다. 서자로 부르는 것은 태어날 새 생명, 그 한 사람의 인생을 인두 같은 불 지짐으로 낙인찍는 처사이기 때문이다.

현대사회에서 가장 큰 사회문제가 되고 있는 '저출산'은 책임을 여성에게 전가한다는 점에서 차별어로 볼 수 있다. '산(産)'은 낳는다는 뜻이고, 아이를 낳는 주체는 어머니이다. 반면 '저출생'이라는 단어의 '생(生)'은 태어난다는 뜻이고, 태어나는 아기가 주체가 된다. 저출생 문제를 여성 탓으로 돌리고, 아이를 낳지 않으려는 여성을 이기적이라고 비난하는 분위기에서는 여성들이 '저출산'이라는 단어 사용을 거부하는 것이 당연한 일이다. 아기가 적게 태어나는 문제는 누구에게 국한된 문제가 아니라, 전 국민이 관심을 가지고 폭넓게 바라보며 효율적인 대책을 고민해야 할 과제이다.

이 책에서 살펴본 차별어 중 '불법체류자'는 자국 중심적 사고가 낳은 국적 차별어로 분류했으나 딱 들어맞는 것은 아니다. 그러나 불법이라는 전문어를 한 사람의 특성인 양 붙인다는 점에서 차별어라 할 수 있다. '신용 불량자'도 마찬가지다. 불량이라는 특성 지시 단어를 한 개인에게 붙여서 모든 면의 특징처럼 표현하니 적절치 않다.

'쩍벌녀'와 '쩍벌남' 같은 단어는 차별어로 간주될 소지가 있다. 대중교통수단 좌석에서 다리를 넓게 벌리고 앉아 옆 사람에게 피해를 주는 사람들을 지시하는 말이다.

공중도덕을 지키지 않았으니 지적받아 마땅하므로 비합리적이거나 불평등한 지시라고 생각되지는 않는다. 한편으로는 다리를 벌린 모습을 공중도덕 범주에서만 표현할 필요가 있는 것은 아니고, 그저 다리의 형태를 표현했다고 볼 수도 있다. 그러나 이 단어로 특정 모습을 지시하는 데 그치지 않고, 비난하려는 사람에게 과일반화하여 적용하고 많이 쓰면 차별어가 될 것이다.

정리하면, 우리가 차별하는 영역은 매우 다양하고 차별 내용도 각기 다르다. 많은 예를 제시했으나, 현재 새로 생겨나는 어휘도 많다. 지금 나타나는 단어들을 굳이 제시하지 않은 이유는 새로이 유행할까 걱정스럽기 때문이다.

그동안 몰랐던 차별어를 알게 되었다며 신기해하기보다는, 그 말을 들었을 사람의 아픔과 슬픔을 함께 생각할 필요가 있다. 또한 다시금 차별어들을 정리하며 언급할 일이 사라지기를 바란다.

4장

차별을
넘어서

차별이란 비정한 언덕을 넘어가면 무엇이 있을까. 차별의 반대가 있을 터인데, 그것은 공정일까 아니면 사랑일까. 차별하지 않는 언행은 사랑 이전에 공정에 관해 생각하는 마음의 소산일 것이다. 한편으로는 공정에 대해 생각하기 이전에 객관성을 유지하기 위한 최소한의 요건이 있을 듯한데, 그것이 무엇인지는 여전히 모호하다.

세상에
제일 예쁜
사과는 없다

얼마 전 사과 한 상자를 택배로 받았다. 상자 속에는 한 겹 종이에 얌전히 싸인 동글동글한 사과들이 자기를 봐달라는 듯이 모여 있었다. 모두가 붉고 먹음직스러웠다.

나는 빛깔이 더 곱고 모양이 고른 사과를 반사작용처럼 먼저 골랐다. 특별히 무엇을 먼저 먹겠다거나 아껴두겠다는 뜻은 없었다. 이 책을 쓰고 있던 나는 그런 자신을 깨닫고는 이러한 마음도 차별의 연장선 아닐까 생각했다. 예쁜 사과를 고른다? 다 예쁜데 왜? 왜 여러 사과를 두고 굳이 애는 빛깔이 칙칙하고 애는 모양이 고르지 않고 애는 살짝 상처가 났다고 가려내며 무례하고 방자하게 구는 것일까.

사과는 내 손이나 눈길이 자기를 예쁘거나 하찮게 본다는 것을 알지 못할 것이다. 하지만 그것은 내 생각일 뿐이고, 어쩌면 내 마음을 느낄지도 모른다는 느낌이 스치고 지나갔다. 그러자 사과들에게 미안해졌다.

그렇다면? 나는 이제 사과를 그만 골라야 한다. 나는 사과가 자라는 데 보탬이 되지도 않았고 그저 돈으로 샀을 뿐인데, 맛있게 먹으면 되지 생김생김을 두고 이리저리 판단하려 하는가 말이다.

작년에는 알이 무척 굵지만 당도가 많이 낮은 사과 한 상자를 구입했다. 색상이 붉기보다는 파르스름한 빛이 강했고 물기와 당도도 적어서 깎아놓아도 잘 먹지 않게 되는 사과였다. 어느 날 교회 예배 후 사모님과 대화하던 중, 맛없는 사과를 어떻게 다 먹어야 할지 모르겠다고 말했다. 그러자 사모님이 "어머, 당근이랑 함께 갈아서 드세요. 얼마나 맛있는데. 아무리 맛없는 사과라 해도 맛있는 주스가 돼요"라고 말씀하셨다. 그래서 나는 반성하며 그다음 주에 다섯 알을 사모님에게 드리고, 남은 몇 알은 당근과 함께 주스로 갈아 먹었다. 사람뿐 아니라 사물도 귀히 여기는 그 마음을 닮고 싶었다.

그래, 맞아. 세상에 제일 예쁜 사과는 없으니 예쁜 사과 고르는 마음을 멈추어야 해. 또 당도가 다르다고 불평할 일도 아니지. 사과는 사과로 태어난 이상 모두 사과지. 빛을 더 받아 붉어졌을 수도 있고, 피해를 덜 받아 흠이 적을 수도 있는데, 그건 사과 탓도 사과 덕분도 아니지.

02 | 착각과 상상력

내가 현재 어느 텔레비전 프로그램을 보고 있을 때 세상 모든 사람도 그것을 보고 있으리라는 생각은 엄청난 착각이다. 우리는 흔히 자신이 행동하고 생각하는 것을 세상 사람들도 동일하게 하는 줄 착각한다. 엄밀히 말하면, 그렇게 착각하는 것이 아니라 다른 사람이 그 사실을 모를 수 있다는 것을 상상하지 못한다.

상상력은 다른 사람의 사정을 잘 생각하고 그의 상황을 인정할 수 있는 능력이다. 눈앞에 보이지 않는 세계를 내 생각 속에 집어넣어 생각할 수 있는 능력. 그래서 우리는 상상력을 설명할 때 우물 안 개구리가 우물 밖을 생각하는 것이라고 흔히 말한다. 우물 안 개구리는 밖에서 날아온 돌을 맞으면 매우 화가 난다. 그렇지만 사실은 귀여운 아이가 우물 안에 개구리가 있는지 모르고 물소리를 듣고 싶어서 던진 것일 수도 있다고 상상하면 노여움은 다소 가라앉을 수 있다.

다른 사람에 대한 차별은 그의 처지를 상상하는 능력이 부족하고 미처 자기 생각 속에 집어넣지 못했기 때문에 나타난다. 자신이 이 말을 하면 듣는 사람이 얼마나 기분 나쁠지를 안다면 그처럼 차별어를 많이 사용하지는 않을 것이다. 하지만 우리는 경험이 적고, 그저 자기 세상 안에서 살던 방식 그대로 관습처럼 살다 보니 말 습관을 버리지 못하고 생각의 습관도 못 고친다.

우리가 인간답게 살기 위한 기본은 상상력을 동원하여 상대를 생각하고 입장을 최대한 헤아려보는 언행이다. 차별하지 않고 차별어를 사용하지 않는 것은 우리가 인간답게 살기 위한 최소한의 필수 요건이다.

한 알의 사과가 봄의 꽃으로부터 시작하여 여름의 긴 시간을 지내고 가을에 열매로 탄생했듯이, 누구나 탄생하고 성장하는 과정을 거쳤다. 인간 존재 가치의 고귀함을 엄격하게 인정하는 당위성이 인권 의식이라면, 이 인권을 지켜내는 것은 다름 아닌 우리 자신이다. 인간은 누구도 무시받아서는 안 되고 존중받아야 한다. 이 말은 곧 인간은 누구도 무시해서는 안 되고 업신여겨서도 안 된다는 말과도 동일하다. 매우 엄숙하고도 중요한 인간 도리의 기본 명제이다. 이 기본 명제를 공유해야 우리 사회는 차별 없는 평등한 세상이 될 수 있다.

작은 것 하나도 소중하다

유발 하라리는 저서 《21세기를 위한 21가지 제언-더 나은 오늘은 어떻게 가능한가》에서 인류가 지금까지 개발한 정치 모델 중 가장 성공적이고 쓸모가 많다고 생각하는 자유민주주의에 관해 이야기한다. 그중 한 문장은 다음과 같다. "또 다른 이들은 자유화와 세계화라는 것이 결국에는 대중을 제물로 소수 엘리트에게 힘을 건넨 거대 사기라고 결론 내렸다." 이 문장을 본 나는 현대의 우리가 안고 있는 비극에 관해 생각해보았다. 우리는 무엇을 위해 사상을 발전시키고 인권 회복을 외치고 있을까? 알게 모르게 오늘 배고프고 고통받는 사람이 있는데, 가장 쉽게 손만 뻗으면 작은 도움을 통해 위로할 수 있는데 외면한 채 거대한 이상을 향해 전진하는 척할까.

인간 역사를 살펴보면 한 사람의 불행을 외면하지 않는 것, 멀리 있는 이상을 보며 그 가치와 내용만 마음에 담는 게 아니라 바로 손 내밀어 잡아줄 주위의 한 사람을 외면하지 않는 것이야말로 위대한 행위라고 생각하게 된다.

양 1백 마리를 끌고 가다가 한 마리를 잃으면 99마리를 두고 그 한 마리를 찾아 나설 것인가. 99마리를 지키며 한 마리를 포기할 것인가. 흔히 하나보다는 여럿을 구하는 게 맞다고 생각한다. 그런데 섬세하게 생각해보면 그 하나를 구하는 것이 더 중요할 때가 많다. 여럿은 힘을 합할 수 있으니 외따로 하나가 되어 방황할 때보다 더 힘들지는 않다. 반대로 하나가 되면 여러 사정이 더 힘들어진다. 외로이 떨어져서 그 상황을 견디려면 더 힘들다. 그러므로 한 마리의 어린 양을 구하는 일이 참으로 중요하다.

우리가 사용하는 대부분의 차별어는 바로 길 잃은 한 마리 어린 양에게 던지는 돌멩이와 같다. 길을 잃지 아니한 99마리보다 길 잃은 한 마리를 찾는 것, 휴머니티는 그 하나를 불행으로부터 구제하는 것으로 완성되는 듯하다.

숫자로 따지면 99마리가 더 많으니 그쪽을 돌보고 길 잃은 양을 찾지 않는다면 그 양은 영원히 실족할 것이다. 반대로 99마리를 두고 한 마리 양을 찾으러 나서면 그 양을 찾고 99마리 양도 무사할 수 있을 것이다. 99마리는 목자와 떨어져 다소 행복하지 못할 수도 있지만 함께 모여 있으니 한 마리가 실족하는 것과 같은 지경에 빠지지는 않을 것이다. 결과적으로 길 잃은 한 마리도 실족하지 않는 좋은 결과를 얻을 수 있다.

살다 보면 이와 비슷한 일이 꽤 자주 일어난다. 하지만 한 사람은 99명의 대중적 권위에 짓눌려 꼼짝 못 하는 경우가 많다. 목소리 큰 사람이 이긴다고, 이기적 욕심 때문에 타인의 불행에 아랑곳하지 않고 같은 욕심을 가진 사람끼리 뭉쳐서 약한 쪽을 이기려 한다. 우리가 사람다우려면 그처럼 이기적으로 행동하지 말아야 하지만 우리 사회는 아직 미성숙한 것 같다.

이 세상에서는 주로 힘없고 약한 존재들이 차별받는다. 인권 존중 의식이 높아져가는 현대에는 그러지 않아야 한다. 어리다고 막 대해서는 안 되고, 힘없다고 막 대해서도 안 된다.

사람을 지극히 사랑하고 그 사랑을 몸소 실천한 이해

인 수녀의 〈종이에 손을 베고〉라는 시를 생각해본다. 이 시에는 시인이 종이에 살짝 손을 베인 곳이 무척 아픈 경험을 하면서, 살짝 스쳐지나가 손을 베여도 이렇게 쓰라린데, 내가 생각 없이 내뱉은 말들이 누구를 아프게 하지는 않았겠냐는 내용이 나온다.

이렇듯 자신이 겪은 아픔을 역지사지로 생각하고 자신도 누구에게 아픔을 주지 않았을까 돌아보는 마음이 곧 인격적인 발상의 전환이 아닐까 한다. 우리에게 진정 필요한 마음이다. 나의 행동과 말이 누군가에게 피해가 되지 않았나 돌아보는 작은 일 하나가 결국 인류애가 되고 평화가 되고 행복이 된다. 그러니 오늘 내가 누구를 차별하며 상처 주지 않았을까 돌아보며 살아야겠다.

없앨 말과
고친 말

이 책에서 언급한 차별어들을 정말 써서는 안 되겠다고 독자가 마음먹는 동시에, 그 말을 써야 할 때가 있으면 어떻게 바꿔야 할지도 재정리하면서 정말로 차별어 사용자가 되지 않겠다고 다짐하면 좋겠다.

먼저 어떤 경우든 사용하지 않아야 할 말을 들어보자. 노골적 여성 비하어(여편네, 부엌데기, 중고 등)와 노골적 남성 비하어(개저씨, 개자식, 삼식이 등)는 다른 말로 고칠 것도 없이 사용하지 않아야 한다. 외모 비하, 외모 강조 등의 신체 차별어도 언어 사전에서 사라져야 한다. 인종차별어(검둥이, 유색인, 혼혈아 등), 국적 차별어(불법체류자, 헬조선, 국평오 등), 지역 차별어(촌놈, 지잡대, 멍청디언 등) 역시 그러하다. 성소수자 차별어도 쓰지 말아야 한다. 종교 차별어와 관련해서는 욕하듯이 비꼬는 말(개독교, 개슬람, 땡중, 먹사, 무당, 점쟁이)을 쓰지 않고 이름을 제대로 부르고, 점쟁이와 무당은 역술인, 무속인으로 부르면 좋을 것이다.

비대칭적 여성 강조어(여의사, 여기사, 여직원 등)의 경우 평상적으로 대상을 지시할 때 굳이 '여-', '여류-', '여자-'를 붙일 필요가 없다. 비대칭적 남성 강조어(남간호사, 남자 미용사 등) 역시 그러하다.

이름에서 여성이나 남성 중 한쪽이 배제되었다면 사회에서 제시한 대체어를 쓰면 좋을 것이다. 예컨대 학부형→학부모/보호자, 녹색어머니회→녹색학부모회/통학로 지킴이, 유모차→유아차/아기차, 주부/가정주부→살림꾼, 보모→아이 돌보미, 자매결연→상호결연/교류 협약, 우체부→집배원, 삼성맨→삼성 사원, 샐러리맨→판매 사원, 영업맨→영업 사원 등이다.

미혼모와 미혼부는 결혼 여부와 관련하여 의미를 합당하게 표현하는 비혼모와 비혼부로 고쳐 부르는 것이 옳고, 미숙아는 이른둥이, 저출산은 저출생으로 부르는 것이 옳다.

많은 장애 차별어를 청각 장애, 시각 장애, 시청각 장애, 지체 장애, 지적장애 등으로 고쳐 부르고, 반팔 티는 반소매 티, 벙어리장갑은 엄지 장갑 또는 손 모아 장갑으로, 외발자전거는 한 바퀴 자전거로 불러야 한다.

직업에 관한 단어 중 해당 직업을 하찮게 여기는 차별이 포함되어 있으면 대체어를 쓰는 것이 좋다. 예를 들어 잡상인→상인, 봉급쟁이→임금 생활자, 노가다→건설 노동자, 도배장이/도배공→도배 기능사, 용접공→용접원, 인쇄공→인쇄원, 정비공→정비원, 보험 외판원/보험 아줌마→보험 모집인/보험 설계원, 화장실 미화원→화장실 관리인, 장의사→장례 지도사, 간수→교도관, 레지→종업원, 견습사원→수습사원, 구두닦이→구두 미화원/구두 수선공, 때밀이→목욕 관리사, 신문팔이→가두 신문 판매원, 가정부/파출부→가사도우미, 수위→건물 관리원, 집달리→집행관, 운전사→운전기사, 경비원→보안 요원 등이 있다.

고칠 말을 생각하면서 함께 고민해야 할 문제가 있다. 고친 말들을 살펴보면 토박이말을 한자어로 고치고(때밀이→목욕 관리사, 구두닦이→구두 미화원/구두 수선공), 한자 한 글자의 뜻을 따지며 그저 단순한 지시인가 전문적 능력을 인정하는 지시인가를 구분하여 간호원을 간호사로, 용접공을 용접원으로 고쳤다. 그런데 사실 때를 민다는 것, 구두를 닦는다는 것 자체에는 비하하는 뜻이 없다. 문제는 우리 사회가 이 직업을 가진 사람을 차별했기 때문이다. 그래서 많은 사람이 언어 순화를 통해 차별 인식을 없애려고 노력했다. 그런데 아무리 단어를 고쳐도 차별적 인식이 사라지지 않으면 그 단어를 다른 표현으로 고칠 일이 또 생길 것이다. 이러한 상황을 혹자는 언어 인플레라고 표현하기도 했다. 언어란 우리 내면의 생각을 표현하는 것인데, 생각을 고치지 않고 언어 표현에만 의존하는 것은 옳지 않다. 고친 언어를 잘 쓰는 동시에, 지시하는 대상을 차별하지 않겠다는 다짐이 함께 이루어져야 한다.

우리에게 필요한 섬세한 인식력

나의 어린 시절을 다시 돌이켜본다. 겨우내 얼음 놀이 판이었던 마당은 봄이 되어 날이 따뜻해지는 3월부터 녹기 시작하여 4월이면 내내 진창이 되었다. 우리는 진창에 빠질세라 깨금발로 통통 뛰고 최소한의 발자국을 찍으며 대문을 나서거나 들어섰다. 아무리 조심해도 신발에는 반죽 같은 흙이 한 뭉텅이씩 묻곤 했다. 겨울이 시작될 땐 빛나는 얼음판이 되어 즐겁게 놀았는데, 봄이 오니 얼음판이 제구실을 못하고 신발에 무거운 흙덩이를 묻히는 불편한 존재가 되었다. 그래도 우리는 좋았다. 킬킬거리고 진흙 자국을 마구 찍으며 마당을 뛰어다녔다.

오래전 인간이 처음 말하려 했을 때 마음속에는 모닥불 앞에 앉은 다른 사람들과 도란도란 이야기 나누며 친해지고 싶어 하는 정감이 있었다. 우리는 그 언어로 문화를 누리고 세상을 발전시켰지만 이제 사회가 급변하면서

심성이 상하고 힘든 일을 많이 겪었다. 언어의 세계에서도 누군가를 멸시하고 가슴 아프게 하는 차별어가 쓰이고 있다.

많은 사람이 이 상황을 반드시 인식하면 좋겠다. 언어는 본디 사람들이 정을 나누고 친해지려고 쓴 것인데, 이 귀한 언어로 누구를 차별하고 가슴 아프게 하는 것은 인간으로서 못 할 짓 아닌가. 우리에게는 언어의 본래 기능을 회복시킬 수 있는 힘이 있다. 그러기 위해 필요한 것은 현재 세상을 섬세하게 인식하는 능력이다.

차별어에 대한 인식과 분별은 누군가를 위해 해야 하는 감성적인 그 무엇이 아니다. 우리의 언어가 객관적이고 공정해야 한다는 이성적 기준에 따라 생각하는 행위의 문제다. 차별어에 대한 분별은 사용 맥락의 자초지종을 잘 헤아리는 이성적 문제다.

최근 나는 한국 사회가 과학적 사실과 논리적 지성을 무시하고 괴담을 흘리는 반지성주의 국가가 되고 있다고 느낄 때가 많다. 원하든 원하지 않든 세상의 모든 문화가 정보화 시대의 기술에 힘입어 널리 퍼지면서 자연스럽게 문화 다양성의 시대가 되었다. 그러므로 현재를 잘 살아가려면 무엇보다 문화 다양성을 잘 인식하고 이에 기반하여 세상을 섬세하게 들여다볼 필요가 있다. 이를테면 표준과 표준 아닌 것의 기준을 다시 생각하고, 정상과 비정상에 대한 생각의 기준은 논리가 없는 허구일 수 있다는 것을 인정해야 한다.

　이념이 대립하고 빈부가 대립하고 권력이 대립하고 나라가 대립하고 지역이 대립한다. 수많은 대립 속에서는 무엇이 바른 일이고 어떻게 살아야 좋을지 몰라 길을 잃고 헤매기 쉽다. 그럴수록 우리는 내 것만 옳고 중하다는 자기중심적 생각을 버리고 세상의 다양성에 관해 넓게 생각하고 포용하려고 노력해야 한다.

　일단 상대의 마음을 잘 알아주는 사람이 되면 좋을 것이다. 예를 들어 짬뽕 먹고 싶다는 사람에게는 짬뽕을 사 줘야지, 내 맘대로 짜장면도 같은 음식이니 짜장면 먹자고 하지는 말자는 것이다. 짬뽕을 좋아한다는데 왜 짜장면을 사주려 하는가. 백날 사줘도 고맙다는 소리를 못 듣는다.

　내가 누구를 부르고 지시하는 행위도 비슷하다. 말은 내가 하지만 그 영향은 고스란히 상대방에게 미친다. 내가 무심코 한 말이 그를 향해 던진 칼날이 될 수도 있다. 얼마 전 한 고등학생이 그린 카툰을 본 적이 있다. 사람들의 입속에서 날카롭게 널름거리는 혀와 뾰족한 손가락이 나와서는 작게 바들거리는 한 사람을 가리키는 장면이었다. 차별과 혐오를 표현한 그 그림에 참으로 공감했다. 사람들은 여러 다양성을 지니며 각자의 이유 때문에 열심히 살면서 아픔을 딛고 일어서려 한다. 그 사람을 편견 없이 있는 그대로 보며 대해야지 왜 자기 마음대로 편견과 선입견, 못된 관습에 맞춰 생각하고 말하는가. 자신에게 그 사람을 아프게 할 이유가 있단 말인가. 자신의 혀가 악마처럼 널름거리도록 하지는 말아야 한다.

섬세한 인식력이란 상황을 구성하는 요소들의 사정을 잘 헤아리는 것이다. 섬세한 인식력은 일할 때도 필요하고, 일상의 대화에도 필요하다. 의사의 경우 환자가 아파서 힘들어할 때 "약 드시고 사흘 후에 다시 오세요"라고 말하는 것보다 "이 경우엔 많이 아픕니다. 그래도 약 드시면 차츰 좋아질 거라고 봐요. 좋아졌는지는 사흘 후에 다시 살펴보고 치료를 계속하죠" 정도로 말하는 쪽이 더 섬세하다.

"로봇 의사, 수술 척척"이란 제목의 신문 기사는 실제로는 로봇이 충수염 수술을 할 수 있게 됐다는 소식을 전하므로 "충수염 수술, 로봇이 척척"으로 표현하는 쪽이 사실을 더 잘 드러냈다고 볼 수 있다. 많은 정치인이 자신의 결정에 관해 변명할 때 자주 동원하는 "이것은 국민이 원하는 것입니다"라는 말은 정치적 목적 때문에 섬세한 인식력을 무시한 언사다. 국민은 집합명사인데, 국민을 어찌한 명제의 주어로 삼을 수 있단 말인가. 절반의 국민인지, 30퍼센트의 국민인지 더 섬세하게 인식한다면 우리나라 정치가 조금은 더 좋아지지 않았을까.

이 책에서 이야기한 차별어의 자초지종을 살펴보면 모두 섬세한 인식력을 결여한 채 사용하는 말들임을 알 수 있다. 각 사례를 생각해보면서, 차별어가 된 이유를 들여다보면 좋겠다. 그래야 차별 문제에 관한 인식이 그저 스쳐 지나가지 않고 우리 안에 절실히 스며들 수 있다. 우리 안에 절실히 스며든다는 것은, 차별하는 사람의 비정함과 차별받는 사람의 아픔과 슬픔을 뼈저리게 느끼고, 차별어를 들으면 몹시 불편해지며, 어쩌다 부주의하게 차별어를 쓰면 얼른 고쳐 말하면서 결국 쓰지 않는 사람이 된다는 뜻이다.

사람다움을 올바르게 지닌 사람을 우리는 인격자라고 부른다. 사람다움을 지닌 사람은 다른 사람을 귀하게 여긴다. 사람을 귀하게 여기는 마음은 어떻게 확장될까? 인간의 존엄을 중시하는 휴머니즘이 몸에 배어 품성이 되고 생활에 드러난다. 사람은 모두 귀하고 평등하다는 가치를 인식한다. 타인에게 상처를 주면 안 된다는 조심성과 겸손함을 갖추고 살아간다. 귀한 존재들과 좋은 관계를 유지하고자 하는 마음을 가지고 살아간다. 사람은 모두 귀하므로 나만을 위한 이기심과 탐심은 좋지 않다고 생각하며, 힘들거나 약한 이웃을 돌아보고 도움을 실천하며 살아간다. 정리하면, 인격자란 인간을 귀히 여기는 가치관을 마음속에 지니며 언행에 성숙한 태도를 유지하는 사람이다.

인격자가 쓰는 언어는 이러할 것이다. 사람을 차별하지 않는 언어, 다른 이의 입장을 고려하며 거칠지 않게 표현하는 언어, 타인에게 고칠 점을 알려줘야 할 때는 최대한 상처 입지 않도록 표현하는 언어, 사람을 잘 이해하며 조화를 이루기 위해 노력하는 언어, 깊은 사고를 수반한 좋은 내용이 담겨 사람에게 도움이 되는 언어이다.

나아가 인격자는 상대방이 앞에 있지 않아 들을 수 없더라도 차별이나 거친 말을 삼갈 것이다. 내 말이 곧 나의 인격이 되고, 그 인격은 내가 사람다운 사람으로서 신뢰받도록 해주는 중요한 장치가 된다. 점잖은 사람도 있고, 까부는 사람도 있고, 내향적이어서 안으로 삭이는 사람도 있고, 외향적이어서 밖으로 다 말하는 사람도 있다. 자기중심적인 일에 더 관심을 쏟는 사람이 있고, 이타적인 일을 더 흥미로워하는 사람도 있다. 우리는 모두 다르다. 이처럼 상황이 다양하더라도 '인격 있는 사람'은 그 다양성과 상관없이 존재한다. 서로 대립하는 관계더라도 각자에게 인격이 존재할 수 있다. 지킬 것을 지키며 싸우면 된다. 지킬 것을 지키며 경쟁하고 쟁취하면 된다. 우리의 평생이 이와 비슷한 언어 사용자가 되기 위한 노력으로 구성된다면, 사회가 행복해지고 무엇보다 나 자신이 행복해질 것이다.

생명으로 태어난 사람이란 존재 자체는 긴 세월을 지나며 성장하고, 세상이라는 넓은 공간 속에서 어렵고 고된 일을 겪어야 하는 운명이다. 어릴 때는 어리기 때문에, 어른이 되어서는 어른이기 때문에 인내하며 감당해야 할 일이 많다. 그래서 우리는 불안하고 염려가 많다.

특히 마음이 평화롭지 못할 때 우리는 누군가를 차별하고 비난하며 화풀이하고 싶어 한다. 살다 보면 그럴 때도 있다. 그때 나는 "나의 원수로 인해 난로의 불을 뜨겁게 지피지 말라. 오히려 그 불이 너 자신을 불태울 것이다"라는 윌리엄 셰익스피어의 문구를 생각할 것이다. 자신의 상한 기분 때문에 상대방을 어떻게 해보려다가는 기분이 더 상하는 결과를 맞이할 것이다. 그럼에도 불구하고 말하지 않으면 세상 논리를 거스를 것 같은 정의감에 불타 상대방에게 화내며 요모조모 따진다. 설령 내용이 옳고 꼭 말해야 했다 하더라도 자신이 누군가에게 화내며 불편하게 만들 권리는 없다.

사실 가족, 친지, 연인, 지인 이외의 사람들 대부분은 나와 상관이 없다. 그래서 모두를 생각하고 나눌 수 있는 것을 나누고 마음을 공유하며 살기는 어렵다. 세상에는 모르는 사람이 훨씬 많은데 그들을 어찌 헤아리고 이해할 수 있단 말인가. 그래서 이방인처럼 대하며 사는 것이 어쩌면 보통의 삶인지 모르겠다. 우리 삶 자체는 대부분 그렇게 구성되어 있는 것 아닐까. 하루는 24시간이고 그동안 만날 수 있는 사람은 무척 제한되어 있는데, 내가 타인의 마음을 모르고 헤아리지 못한다고 해서 자신을 탓할 이유는 많지 않다.

그러나 우리 인간에게는 본능적으로 사람과 친해지고 싶은 욕구가 있고, 안된 사람을 보면 온정의 마음이 생기는 긍휼함도 있다. 그 점을 생각하며, 나와 상관없어 보이는 누군가도 같은 사람이고 같은 운명을 걸고 있는 동료

이며 친구임을 인식하자. 우리 안에 있는 수많은 색깔의 감정 중에서 되도록이면 타인을 사랑하는 감정을 자주 꺼내고 예쁘게 색칠하자. 언제나 마음속에 그런 마음이 깔려 있으면 누군가를 차별하는 상황에서 마음이 불편해질 것이다. 그 사람이 받을 상처를 미리 짐작할 수 있기 때문이다.

새로운 세상이 되었다. 유교 윤리는 과거와 너무도 다른 현재의 시공간에 맞지 않는 옷이다. 우리는 그 옷이 잘 맞지 않는다고 무시한 지 오래다. 그렇다면 무엇을 지켜야 할 윤리로 삼을지, 즉 새로운 세상에서 무엇을 지켜야 할지를 생각해야 하는데, 이 점에는 관심을 적게 쏟은 것 같다. 빨리 생각하고 고민하며 정립해야 할 일인데 아직 약속이 되지 않았다. 인권을 중심에 두고 존중하는 많은 담론은 바로 그 약속을 위해 제시되었다. 이 책에서 언급한 차별 없는 세상에 대한 꿈은 우리가 약속하며 지킬 항목에 해당한다.

우리 사회가 인식하고 문화로 확산시키며 누려야 할 하나의 질서는 바로 '누가 누구를 차별해서는 안 된다'라는 것이다. 우리 중 누구도 다른 이를 차별할 권리가 없다. 나 또한 그 누구에게서도 차별받지 않을 권리가 있다. 사람답게 살기 위해 지켜야 할 여러 요건 중에서도 차별하지 않음이라는 항목은 참으로 중요하다. 우리 모두가 노력할 때 차별 없는 세상이 이루질 것이다.

앞에서 언급했듯이 우리의 말은 언어 형식과 내용을 갖춘 기호 체계이다. 언어는 지시 대상이라는 외연적 의미뿐 아니라 말하는 사람의 감정적 의미도 전달하는 살아 있는 활성체이다. 그러므로 차별의 뜻이 없던 말도 차별하는 마음으로 쓰면 언제든 차별어가 될 여지가 도사리고 있다.

우리의 인식에서 차별 의식을 없애지 않는 한 새로운 차별어는 계속 등장할 것이다. 한 단어가 차별어가 되면 다른 말로 고치고, 그 말이 또다시 차별어가 되면 또 고쳐야 한다. 차별 인식이 왜 나쁜지를 절감하고 그 깨달음을 공유하지 않으면 차별어들이 계속 생겨날 것이다. 그래서 차별어에 관한 문제는 어렵다. 조금만 생각해보면 절대 해서는 안 될 나쁜 행동임을 알 텐데 여전히 못 고치고 있으니 말이다.

말은 듣는 상대방이나 제삼자가 상처받지 않을지 고려하며 사용해야 하는 매우 조심스러운 것이다. 언어는 소중하기 때문에 잘 가꾸어야 할 소장품인 항아리와 비슷하다. 언어의 항아리는 인류가 여기까지 오도록 해준 보물단지이니 정말로 소중한 것 아닌가.

우리 사회에는 달무리처럼 희미해서 석연치 않은 것이 많다. 경쟁이 심해지며 변화하는 사회 속에서 우리 마음에 타자에 대한 혐오가 형성되면 말과 연관되어 차별어라는 표현이 돌아다니게 된다.

다양한 사회적 맥락 속에 희미하게 시려 있어 우리를 불행하게 만드는 그늘을 걷어내자. 불행의 달무리가 아니라 함께 우정을 나누며 여름밤의 정서를 발견하는 우리가 되자. 말로 더 친해지고 친하게 놀고 친하게 웃고 친하게 노래하는 세상. 듀엣 가수 논두렁 밭두렁이 노래한 달무리 진 여름밤의 우정을 회복하자.

차별어의 발견

초판 1쇄 인쇄 | 2023년 9월 5일
초판 1쇄 발행 | 2023년 9월 15일

지은이 김미형
발행인 박효상
편집장 김현
기획·편집 김효정, 장경희 **디자인** 임정현
교정·교열 강진홍
표지·본문 디자인 정정은
마케팅 이태호, 이전희
관리 김태옥

종이 월드페이퍼 | **인쇄·제본** 예림인쇄·바인딩 | **출판등록** 제10-1835호
펴낸 곳 사람in | **주소** 04034 서울특별시 마포구 양화로 11길 14-10(서교동) 3F
전화 02)338-3555(代) | **팩스** 02)338-3545 | **E-mail** saramin@netsgo.com
Website www.saramin.com

* 책값은 뒤표지에 있습니다. 파본은 바꾸어 드립니다.

* 이 책은 2022년 상명대학교 교내연구비를 지원받아 저술하였음.

ISBN 979-11-7101-024-0 14710
        978-89-6049-801-3 세트

우아한 지적만보, 기민한 실사구시 사람in